梅兰芳艺术人生文丛

刘祯／主编

◎张静 编著

梅蘭芳

在香港

知识产权出版社

全国百佳图书出版单位
——北京——

「梅兰芳艺术人生文丛」的整理出版为北京市西城区文化艺术创作扶持专项资金 2020 年度扶持项目

序

"他在深厚传统和广泛吸收多家所长的基础上创造了极其精美的艺术。他不愧为现代世界上伟大的表演艺术家之一。他的艺术是近千年来中国戏曲艺术历史上的高峰之一。他是一代宗师,对一代艺术家发生了积极的、深刻的影响。梅兰芳是把中国戏曲舞台艺术介绍到国外,并获得盛誉的第一个戏曲表演艺术家。"(朱穆之《永不停步的革新精神——纪念艺术大师梅兰芳诞辰九十周年》）这个"他"，就是20世纪中国最伟大的表演艺术家之一——梅兰芳。

　　轻拂时间的尘封，走入历史的情境中，回看梅兰芳的一生，依然那么清晰，又那么熟悉。在20世纪初新与旧、古老与现代、东方与西方的文化碰撞和争持中，梅兰芳的出现，顺应时代要求和审美追求。他通过持之以恒的努力、追索，将京剧艺术推向了一个新的高度，也使得"梅兰芳"这一名字与京剧、与时代紧紧地联系在一起。而从中国艺术、中国文化的传承脉络来看，其实梅兰芳及其京剧艺术早已融汇到今天的舞台艺术和文化基因里。

　　演员是梅兰芳的职业，他以自己的努力和奉献，把京剧的旦行艺术推向了新的高度；同时，作为那个时代引领风气之先的人物，他的行为思想又与时代社会紧密联系，为人们所关注，成为时尚标志。而在那个动荡、变幻莫测的时期，梅兰芳洁身自爱，不随波逐流，注重自我品德修养，追求进步，为人中和而讲原则，是非分明；他身上的家国情怀，如傲雪红梅，如罹霜松柏，坚贞不屈，坚定不移。台上，他扮演了数以百计不同身份、不同性格的女性人物，个个美丽动人，熠熠生辉，善恶分明；台下，他是铮铮男儿，有血有肉，与人为善，助人为乐，热心公益，具有高度的文化自觉。他有开阔的视野和世界眼光，访日、访美、访苏演出，使中国戏曲得以走上世界戏剧舞台，形成与世界其他戏剧体系平等交流、对话的格局，进一步构筑和阐释了中国戏曲的体系特征，展示了中国传统文化的魅力，提升了中国文化和中国人在世界中的地位。

梅兰芳是20世纪伟大的京剧表演艺术家，是传承者，是革新者，也是一位绘画大家，是那个时代的时尚代表，是那个时代的文化表征，是那个时代的文化使者，是一位伟大的爱国者，是为人们所爱戴的人民艺术家。本文丛试图让人们了解和看到的就是这样一位血肉饱满、生动鲜活、爱憎分明、初心不改而多姿多彩的梅兰芳！

別梦依稀——梅兰芳在香港

目　录

梅兰芳在香港留影

导　言

　　香港是梅兰芳的福地，梅氏后人亦曾说香港是梅兰芳的第三故乡。梅兰芳五至香港，第一次是1922年，九龙仓码头人山人海，梅兰芳一行百余人，应邀而来，载誉而归；第二次是1928年，往返广州、香港，演出月余，其间亦游历岭南山水；第三次是1931年，仍是省港轮演一个多月，足迹曾至澳门；第四次是1935年，其时访苏

梅兰芳在香港

归国，经停香港；第五次居留最久，历1938年至1942年，家国蒙难，他在香港度过了悲喜交加的隐居岁月。抗日战争胜利后，梅兰芳也曾有赴港演出的计划，但最终未能成行。1949年后，香港关山路远，他只在1956年随中国京剧访日代表团赴日演出时转机香港。对于梅兰芳来说，香港承载了很多情感，也印刻了很多人事，不知可曾梦回。今天看来，香港虽是粤方言区，但梅兰芳在香港的影响，因其艺术，兼其意志，不仅为京昆艺术在香港留下了种子，也代表国人在香港彰显了民族魂。

俯瞰香港

一、初临香岛满堂红

　　1922 年到香港，对梅兰芳而言，有很多特别之处。那是他第一次到香港，这里是比上海更往南的地方。虽然他已经认识不少籍贯广东的朋友、贵人，但在此之前，还没有涉足粤方言区的经历。1840 年鸦片战争后香港成为英国殖民地，受英国派驻香港的总督管理。梅兰芳这一次到香港，无疑不同于到内地城市，虽然早前他已经

梅兰芳与夫人王明华抵达香港后受到欢迎

到日本领略过异域风土人情，但是在香港这个华洋杂处的地方，不知会有怎样一番不同景象。当然，梅兰芳到香港，也可以说是为将来游历欧美积累经验。这一年夏天，他自己挑班组建"承华社"；到香港演出，用的正是"承华社"的班牌，也是这个班社的一次重要亮相。在香港期间，恰逢他二十九岁生日。这次生日过得令人瞩目，颐和酒楼高朋满座，胜友如云。他在香港受到各种优待，而这种超出意料的优待，从他乘"南京轮"踏上赴港之旅就开始了。"南京轮"船主捞臣，美国人，不仅亲自带领他参观全船，又特请翻译解释轮船构造，出示航海图，指点航线，还招待茶点，分享最新式美国产留声机放送的音乐，赠以自己收藏的各种明信片，并表示因不能亲见他的演出而倍感遗憾。

原本梅兰芳赴港之期是 1922 年春，受邀演出，助庆英国皇太子（威尔士亲王，后来的爱德华八世）参访香港，但因为 1 月至 3 月香港海员大罢工影响而未能成行，不过皇太子等王室成员仍在 4 月 6 日访问香港，并于第二天晚上欣赏了粤班寰球乐在太平戏院表演的粤剧《蝴蝶梦》。此次 10 月之行，原定的首演日期是 10 月 20 日（农历九月初一），但因为梅兰芳、郭仲衡、沈华轩、姜妙香、姚玉芙、朱桂芳、徐兰沅、陈嘉樑等第一批人员于 10 月 15 日抵港后，第二批人员从天津出发后受阻于大连，10 月 17 日才在上海转乘"甘州轮"赴港，所以第一场演出日期就变成了 10 月 24 日。

梅兰芳 10 月 15 日 8 点到达香港尖沙咀九龙仓码头时，岸上欢迎和看热闹的人群热烈踊跃。另外，还有绅商士

梅兰芳与姜妙香、姚玉芙及马禄臣等人合影

女一百多人坐小轮迎接，导致当日港九之间往来的渡海小轮被阻四个多小时。当天本地华芳照相馆曾派人到船上为梅兰芳拍摄了不少照片，晚间则有富商何甘棠（字棣生）在金陵酒楼设宴款待。

抵港后，梅兰芳暂住邓瑶光（字昆山）府邸，连日酬酢不绝：16日，由邓瑶光介绍，拜访华人代表周寿臣、伍汉墀，之后又前往华商总会答拜，下午赴何甘棠家宅茶会，晚上参加篆刻名家简琴石举办的宴会；当天还抽空在寓所与广州各团体派来的代表梁培基会面。17日，由周寿臣、邓瑶光偕同前往谒见总督司徒拔（Sir Reginald Edward Stubbs）；宾主相见甚欢，总督对梅兰芳作为伶界大王促进中英邦交的意义作了高度评价，又介绍了一个活跃在伦敦的华人剧团的情况，还讲述了自己对演剧的喜爱，回忆了早年扮演女角的经历，并力劝梅兰芳在英国举办展览会期间到英国一游；当日，梅兰芳还与香港绅商四十多人在谦益公司宴会，晚间则由友人陪同到太平戏院观看人寿年班演出粤剧；有意思的是，9点先入场的姜妙香被误认作梅兰芳，曾引起一阵小骚动，待身穿西装、戴茶晶眼镜的梅兰芳进入戏院时，恰逢小武靓少华与花旦千里驹在舞台上表演，座中观众纷纷调转视线，有的起立眺望，有的走向梅兰芳近身细看，据说夜深了还有人特意购买入场券入内，只为一睹梅兰芳的风采。18日下午1点，由何世光代为邀请，梅兰芳在香港大酒店一并接洽中西报馆主笔、记者；晚7点半，参加绅商刘焜谱、叶兰泉、邓瑶光、源杏翘、卢舜云、高宝森、潘霭如等香港同乐会诸君在金陵酒楼举办的宴会；邓瑶光致辞称，梅兰芳受同乐会邀请来港纯因感情

香港太平戏院舞台

而非金钱，同乐会同人希望借此振兴剧界，提倡艺术，希望大家共同为此鼓与呼。

香港之行，名伶杨小楼因病未能参加，改请武生沈华轩，琴师茹莱卿晕船，改由徐兰沅担任。在太平戏院演出，从10月24日持续到11月24日。梅兰芳表演了《麻姑献寿》、《御碑亭》、《千金一笑》、《汾河湾》、《贩马记》、《樊江关》、《嫦娥奔月》、头二本《虹霓关》、《探母回令》、《黛玉葬花》、《牢狱鸳鸯》、《邓霞姑》、《春香闹学》、《游园惊梦》、《银空山》、《回龙阁》、《上元夫人》、《贵妃醉酒》、全本《甘露寺》、《天女散花》、《佳期拷红》、《天河配》、《巾帼英雄》、《打渔杀家》、《霸王别姬》。最后两天是应邀演出义务戏，23日为《天河配》、《辕门射戟》，24日为《金山寺》、《春香闹学》。仅从戏码安排便可见精心准备：既有传统戏，也有新编的古装戏和时装戏；既有京剧，也有昆曲；既有本工戏，也有反串戏；既有唱工戏，也有武戏，还有歌舞戏。头四天的戏塑造了仙女、贞姬、艳婢、思妇等四种不同类型的女性形象，后续又有本地观众熟悉的人物，如嫦娥、织女、红娘、林黛玉、花木兰、白素贞等。除《千金一笑》《黛玉葬花》《嫦娥奔月》《天女散花》《霸王别姬》《天河配》《春香闹学》以及头二本《虹霓关》外，几乎每天都换戏，其中两个周日更是日演武戏，夜演唱工戏、歌舞戏，精彩纷呈。

从售票情况看，梅兰芳人未到港，优等券已提前发售，价格虽贵至破天荒的10元，但购买的人却极为踊跃，不仅半个月的戏票早早售罄，后来还有人囤积居奇，每张加价5～10元售卖。据说甚至有人为了看他的戏专程

香港太平戏院

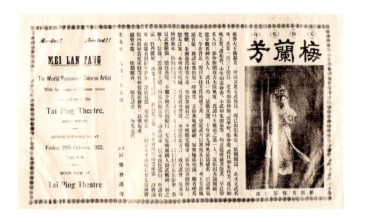

演出宣传单

从安南、南洋赶来。据身处戏院的记者观察，演出的头等、二等贵座常常满座，三等、四等座也仅有少量空余；《嫦娥奔月》、头二本《虹霓关》、《上元夫人》、《天女散花》演出时，除满座之外，还有数百人购站票观看；《霸王别姬》演出时，出现过两三个人共坐一个座位的情形。

香港当局原本规定，戏院演出不得超过12点，且严禁加座，结果为顺应大众需求，不得不稍作变通。甚至为维持散场时的秩序，院方从11月11日起又在大轴后新增一出粤伶演出的送客戏。

粤班的人寿年班、新中华班起初还分别在太平戏院、高陞戏院演出，后来因梅兰芳人气高涨，则转战省府、澳门等地。西方观众的反应也颇值得一提。港督司徒拔观看了《嫦娥奔月》和《天女散花》。因港督、政府官员、议会会员的引领，前往观剧的一般西方人士也日渐增多，且一改平时穿便服看中国戏的习惯，改穿礼服入场。新排的《霸王别姬》特别受西方观众的欢迎，有人甚至在虞姬舞剑时随之忘情高歌。香港的西文报纸将梅兰芳比作英国著名演员亨利·欧文；《泰晤士报》对港督赠"善歌移俗"银鼎进行过特别报道；《密勒评论报》以投票方式征集十二位中国名人，梅兰芳赫然在列；当时世界著名的通讯社路透社，对梅兰芳的报道可谓事无巨细，随时通电全球，就那个年代的各国名伶来看，好像很少有人得到这样的待遇。

梅兰芳在北京、上海、日本大出"风头"，此次在香港又特出"风头"，受到中西方人士的竭诚欢迎，离港时欢送人数不下万人。故而有人在《新闻报》撰文，称中国只有伶界的梅兰芳可以轰动全球，总有些惭愧；且说梅兰芳可以竞选总统，因为他有脸面齐整、艺术精湛、人缘良好等优势，比那些面目狰狞、荒腔走板、相互争斗的政客要好。

梅兰芳在港演出《樊江关》戏单

　　10月31日，梅兰芳还出席了英美烟草公司在里泊尔斯湾旅馆举办的午宴，与立法议会中的中国代表及重要英国官员会面。11月4日，难得的休闲时光，他先是获准乘车到扯旗山（又称太平山）山顶游览，后到山畔西餐厅参加午宴，竟然引来三四千人围观和登高远望；

当天他还到先施公司购物，花费三百元，所购多为小孩玩具，体现了做父亲的温情——出发前的8月，福芝芳诞下一子，当时谁也不会想到这个孩子第二年就夭折了。

纵观梅兰芳的首次香港行，虽然有些小波折，如收到索要5万英镑的恐吓信，亦偶有小恙，但都得到了妥善的处理：有警员随同护卫，出入剧场的工作人员以红绿两色襟章进行区别和稽查；有名医及时诊治，药到病除。对于个人来说，他在这里不仅收获了花篮、银鼎、诗作、舆论的统一赞美以及作为生日贺礼的书画、寿星观音像等，还收获了情谊、信心和喜悦；他精湛的技艺、高尚的品德赢得了本地中西方人士的喜爱和尊重。对于京剧来说，他是京伶到香港的第一人，对于京昆艺术的传播、南北音乐的交融等，具有重要意义。对于粤剧界

《樊江关》，梅兰芳饰薛金莲，朱桂芳饰樊梨花

来说，他的南下可以视为为革新提供了助力。对于海员罢工以后香港和内地的关系来说，他的到来也提供了难得的使二者重新融洽的契机。这次旅行前后历时五十多天：10月11日从天津乘津浦快车到上海，10月12日下午3点乘"南京号"从上海出发赴港，12月2日乘昌兴公司俄后轮船于12点返回上海，12月3日9点半乘特别快车北归。当时有妻子王明华相随照应，两人1910年成婚。

香港缆车

香港街景

二、岭南胜境喜相逢

1928 年，北洋政府结束统治，中国形式上完成统一。这一年，梅兰芳受广东戊辰同乐社之邀，到省港演出。

戊辰同乐社的创始人之一江孔殷，出身于广东殷富之家，师从康有为，素有文才，清末中进士。他性情慷慨不羁，在清末民初广东政坛地位显赫，世人多称之江霞公、江太史。他与梅兰芳十多年前在北京曾经见过面，又认为粤剧积弊已久，以前唱高腔，曲白粗陋，可以说是有声无词，近来却改用平喉和方言白话，行当之间没有太大区别，又变成有词无声，必须加以纠正。戊辰同乐社之所以邀约梅兰芳南下演出，一是借以提高戏剧价值，二是针对粤剧编排奏演每况愈下的现状，以此给予深刻刺激。但有人却称梅兰芳此行比较突兀，事先并没有公之于众，可能是因为当时政府以南京为首都后，北平百业萧条，很多戏园都停锣了，即便有演出，戏价有限，也不足开支，他虽然有强大的号召力，但与过去相比已不可同日而语，应邀南下，也是因为生计关系。

梅兰芳10月17日从北平出发赴天津，在天津乘"神丸号"经大连，于22日到上海，24日在此转乘"他辅总统号"（又称"塔虎脱总统号"）轮船赴港。同船的有新婚后到香港度蜜月的南京市市长刘纪文、许淑珍夫妇。船主还介绍梅兰芳与美国驻菲律宾总督夫妇会面，总督表示极其盼望他到菲律宾一游。26日到港时，戊辰同乐社代表邓昆山、广东八和剧员总工会代表郑笏庭、高陞戏院代表吕维周以及报界记者、梅兰芳旧友等三四十人到码头欢迎。梅兰芳身穿蓝绒西装、白绒裤，与迎接者一一握手道故。接下来数天他到各处拜客，30日与众人乘船到广州。

这次一同南下的有一百二十多人，除梅兰芳外，还有谭富英、姜妙香、姚玉芙、金少山、朱桂芳、陈喜兴、扎金奎、福小田、王多寿、高连峰、于莲仙、沈三玉等。众人辗转于粤港两地的两家戏院，剧目安排上有所不同。

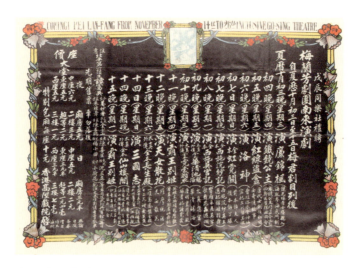

高陞戏院戏单

11月1日至11月12日，梅兰芳在广州海珠戏院演出的是《奇双会》、《廉锦枫》、《天女散花》、《虹霓关》、《红线盗盒》（原定《牢狱鸳鸯》）、《四郎探母》、《西施·浣纱记》、《西施·吴宫记》、《黛玉葬花》、《太真外传·全本华清池》、《太真外传·三国志》、《木兰从军》（原定《新宇宙锋》）、《洛神》；11月14日至11月26日，在香港高陞戏院演出的是《廉锦枫》、《四郎探母》、《红线盗盒》、《洛神》、全本《虹霓关》、《西施·浣纱记》、《西施·吴宫记》、《华清池》、《霓裳羽衣》、《霸王别姬》、《天女散花》、《太真外传·全本长生殿》、《太真外传·全本仙山楼阁》；11月28日至12月5日，再次返回广州，仍在海珠戏院，演出的是《霸王别姬》、《太真外传·全本霓裳羽衣》、《太真外传·全本长生殿》、《太真外传·全本仙山楼阁》、《洛神》、《廉锦枫》、《尼姑思凡》、《御碑亭》、《春香闹学》、《黛玉葬花》，最后一晚原定演出《天女散花》，后改为《霸王别姬》。

仅以香港一地来看，梅兰芳1928年的戏码与1922年的有同有异。《邓霞姑》《牢狱鸳鸯》等新编时装戏不再安排,除了《霸王别姬》《天女散花》和《虹霓关》外,其他都是前次访港未曾演过的戏。11月20日至11月26日,梅兰芳还在香港新乐风唱片公司灌录了唱片,包括《春灯谜》三面、四本《太真外传》两面、三本《太真外传》一面、二本《西施》一面以及他与姜妙香合作的《凤还巢》一面。新乐风唱片公司由港商李耀、姚得中、潘贤达等人组建,从唱片涉及的剧目看,《春灯谜》《凤还巢》都是1928年首演的,不过此二剧与同年首演的《宇宙锋》均未在香港演出,而《太真外传》《西施》则是梅兰芳这次省港演出的重要剧目。

在香港十三天的演出中,因为知音较少,且配角较弱,所以上座不理想,但最后一天演出的《霸王别姬》满座。这次与梅兰芳搭档演出《霸王别姬》的是金少山,

《太真外传》，梅兰芳饰杨玉环

名净金秀山之子，难得的花脸全才。梅兰芳与他1926年底开始合作演出《霸王别姬》，使其一举成名。在杨小楼之外，他是与梅兰芳合演《霸王别姬》的上佳人选，是观众热捧的"金霸王"。此次访港，他演唱戏中的【粉蝶儿】"大英雄，盖世无敌，灭嬴秦，复楚地，争战华夷"，令港督惊为天人，称赞他是难得的男高音。除了金少山以及固定搭档姜妙香之外，梅兰芳此行还约了谭富英。谭家的前辈谭鑫培与梅兰芳的祖父梅巧玲是同时代的人，他晚年与青年梅兰芳一起唱过戏，如《桑园寄子》《汾河湾》《四郎探母》等，提携之举，为梅兰芳后来成名奠定了重要基础。虽然谭富英1923年才出科，但此时已经崭露头角。梅兰芳邀他合作《四郎探母》《太真外传·全本仙山楼阁》，也有帮扶之意，体现了谭、梅世代交谊的延续。

梅兰芳与金少山合演《霸王别姬》

牌楼乃足八和剧员总工会欢迎梅兰芳全体伶工友影纪念

广州街头为欢迎梅兰芳所搭的彩牌楼

这次到香港演出还算顺利，梅兰芳演出《天女散花》时，时任港督金文泰曾到戏院观看。在香港的英美烟草公司代表曾设宴招待梅兰芳，并赞誉他为"太平之鸽"，说他所到之处，其地必可太平。

不过梅兰芳在广州的遭遇则大有不同，并不太平。他此前未曾到过广州，所以当地的达官显贵对他亦如第一次到香港那样，都趋之若鹜，争睹其风采。海珠戏院门前搭起极高大的五彩牌楼，牌楼上嵌有梅兰芳的大幅剧照，两边的音乐亭还安排了乐队，开演后每日下午1点，戏院将汽车改扮为船的样子，遍游街市，一边演奏西洋音乐，一边散发广告，5点乐队在音乐亭奏乐，欢迎看戏的观众。南洋烟草公司的梅兰芳牌香烟、美丽牌香烟都借着梅兰芳的热度大做广告，"观梅兰芳佳剧，吸梅

梅兰芳在广东优界八和剧员总工会欢迎会后与南北演员
及该会员工合影

兰芳香烟，国色天香，并皆佳妙"。"美丽·梅兰芳——
美丽香烟，如梅之芬，似兰之芳"。本地和平制药公司
还推出了"梅兰霜"，并在广告中强调秋风"从北方来"，
公司地址在"长堤海珠"前。但是，报章上的评论出现
了两极分化，对梅兰芳褒贬不一。褒奖的人称他是中国
戏剧大王，世界化装第一人，认为他的表演令人叹为观
止；贬损的人则称他是因袭守旧、鼓吹封建思想的社会
罪人，仅男人演女角这一点，已失去艺术的基础。另一
场风波则是因梅兰芳婉拒国民党地方党政机关的演出邀

约而起的。国民党地方党政机关的包场票被退回，可谓大失颜面。此后，他们宣称牌楼主要用来欢迎政府要员或在社会事业中有特殊地位的人，伶人不必受到如此隆重欢迎，强令拆除牌楼；致函市公安局，请求禁止八和剧员总工会开会欢迎梅兰芳；还控制报章舆论，使表扬梅兰芳的文章比之前有所减少。但后来，梅兰芳重返广州演出，其间加唱义务日戏两天，剧目分别是《梅龙镇》、《穆柯寨》双出、《霸王别姬》，所收票资约两万元，都捐助给两粤赈济旱灾。

梅兰芳赴港演出时，广州街头为欢迎梅兰芳所搭的彩牌楼

话说回来，惯看粤剧的省港观众到底对京剧持一种什么态度呢？在梅兰芳首次访港之后，京剧伶人碧云霞、琴雪芳、白玉英、白玉楼等也曾带领戏班到香港演出。此外，程砚秋为完成罗瘿公去世前早已为他联络好的赴港演出之约，也于1926年夏带领鸣和社到香港太平戏院演出四十三天。虽然程砚秋的演出很精彩，但在一般观众中并没有引起很大反响，市场比较冷寂。这其中有不少客观原因，例如当时省港交通未恢复，百业不前，普通民众无心看戏，且看戏开销比较大，与日常所需相比，不能不让人多加斟酌；那个时节多风雨，阴晴不定，戏院远在石塘，不能不令人裹足不前；等等。但是最根本的原因，应该在于地方观众对京剧的认知。梅兰芳此次到省港演出，大家称赞的不是梅兰芳的化装，就是全班的武工，从中可以看出观众的注意力在何处。即如当时

《西厢记》，梅兰芳饰红娘，程砚秋饰崔莺莺

正在广东负责考察和筹备戏剧研究所的欧阳予倩所说，"纯正广东人不懂京戏，广州当官的人多，懂官话的人也多，所以京二黄可以唱唱。但香港则不行。纯正广东人看梅兰芳的戏，说是'睇公仔'，就是看人、看扮相"。一般观众看花脸的金少山，演武戏的朱桂芳，都觉得好，欧阳予倩听见许多看客一进门就问："有打没有？"《大公报》记者吃饭时听到的对话则是："你昨晚，看梅兰芳好唔不好！""乜野梅兰芳，又听唔识，闷的我坐一坐就出来了，呢的係乌猪佬睇个猪！"（广东人称外省人为乌猪佬。）

从另一个方面来说，广东文化界希望梅兰芳对粤剧改良、艺术进化给予指导，同时促进社会教育。那么，梅兰芳对于粤剧及其现状又是怎么看的呢？他在抵港后

香港街道

乘坐四海酒店小轮渡海时曾接受记者简短访问，其中谈到粤剧曲本虽然不大了了，音乐拍奏也稍强了一些，但粤剧二黄比京剧好。他对粤剧现状的观察是：旦角化装比较薄弱，表演技术难以言说；一味讨好观众而滥用机关布景；不顾社会公益，剧目内容淫靡；等等。梅兰芳在没来省港之前，也看过粤剧，第一次到香港，曾专程到戏院看粤剧，对粤剧有所了解，知其优劣。对于好演员，如千里驹，他也不吝赞颂，称其演戏时"七情能够上面，且能剧中人化，处处不肯放松，认真去做，绝无欺台之弊。唱曲能露字，口法极佳，又能咬线"。

梅兰芳在省港一共演出三十三天，并于12月8日从广州到香港，11日乘坐"克利夫兰号"轮船返沪。原本在香港高陞戏院演出结束时，当地绅商曾计划约他再演几日。而在省港演出全部结束后，澳门总督也曾派代表请梅兰芳到澳门一游。但因为梅兰芳与上海大舞台早有合约，原定12月初就须登台表演，所以这些事情一一被婉拒。13日梅兰芳抵达上海后，按照事先约定，从17日开始在大舞台演出四十天，辞旧迎新。

《天女散花》，梅兰芳饰天女

三、风华绝代见雍容

　　1931 年 4 月 4 日，梅兰芳以一串单鹰风筝获得城南游艺场举办的纸鸢竞赛大会第四名。在"忙趁东风放纸鸢"的时节，他从北平抵达上海，前一天参加了何东爵士的茶会，4 月 17 日，即携夫人福芝芳及齐如山、姜妙香、姚玉芙等和上海联华影业公司司理黄漪磋一道乘坐"大洋丸"前往香港。当时在码头相送的,有女星林楚楚、阮玲玉，她们是前一年联华影业公司出品的《故都春梦》

的两位女主角，电影中插入了梅兰芳的"别姬"剑舞。梅兰芳第三次到香港演出，不同于前两次——秋冬访港，这一次是春日南行。此次香港之行的起因是，他加入联华影业公司成为创办人后准备到广东考察，为将来京剧有声片摄制做准备，粤港绅商故旧提议可顺便登台献艺，梅兰芳盛情难却，但也不愿草率行事，所以约请北平、上海两地名角，如金少山、张如庭等一百二十多人，才将此行确定下来。

梅兰芳一行到达香港时，在码头迎接的有联华影业公司经理罗明佑、高陞戏院职员、中国银行职员、广州某戏院司理以及香港绅商等数十人。当天梅兰芳拜会了陈廉伯、何世光、冯香泉、江小侣等人，并在陈廉伯位于山顶道的私宅与周寿臣、曹善允、罗旭和、罗云甫、

冯香泉、何世光、罗明佑、黄漪磋等三十多人欢宴。因
为1930年梅兰芳成功访美，所以席间大家对他为中国艺
术文化博得国际地位给予高度赞扬。梅兰芳还参加了高
陞戏院在金陵酒家、联华影业公司在广州酒家、港绅汪
贻荪等在南唐酒家举办的宴会。20日他到澳门，与华侨
陈秉谦、黄孙樵、许祥、黄铸民、范洁朋以及商会主席
卢卓孙、电灯公司嘉利仁等人相会于码头，并在华人代
表刘玉麟陪同下谒见澳门总督柯维喇（Joaquim Anselmo
Mata Oliveira），后转唐家湾拜访中山县长唐绍仪，21日
又与唐绍仪同赴翠亨村参访孙中山故居，24日乘中兴轮
返港，25日乘佛山日轮到广州，可谓马不停蹄。

此次是梅兰芳第二次到粤港演出，与前次时隔三年。
演出阵容是梅兰芳、姜妙香、姚玉芙、金少山、张如庭、

梅兰芳在上海出席联华影片公司欢迎会

梅兰芳与琴师徐兰沅（右）、王少卿（左）

张竹轩、陈喜星、朱桂芳、诸如香、扎金奎、高连峰、王多寿、刘连荣等，琴师为徐兰沅，场面头为杨玉楼，箱头为韩文祥。配景、行头是去美国时特备的，华丽精致。演出安排仍是先到广州登台，演期为4月28日至5月5日，地点是海珠戏院；再转香港，演期为5月7日至11日，地点是高陞戏院；又返回广州，演期是5月13日至21日，地点是海珠戏院；最后回到香港，演期是5月23日至6月2日，地点是高陞戏院。

在香港的演出，剧目为头本《西施》、《天女散花》、《霸王别姬》、《穆柯寨》、《太真外传·华清池》等，与此次在广州演出的剧目——头本《西施》、《凤还巢》、《霸王别姬》、头本《太真外传》、二本《西施》、《穆柯寨》、《天女散花》、《贵妃醉酒》、《洛神》、《唐明皇游月宫》、

《虹霓关》、《贵妃舞盘》、《黛玉葬花》、《樊江关》、《刺虎》、《春香闹学》、《辕门射戟》部分重合。两地演出剧目以《霸王别姬》为最多，共演出七次。该剧自1922年首演以来，在梅兰芳三次到香港、两次到广州以及1930年到美国时，都被列入戏单，可见广受欢迎。香港的首场演出剧目头本《西施》，以"有数千年前之籥翟歌舞，有音调铿锵字云锣古乐，有情景逼真之彩龙莲船，有变幻百出之五色电光"为号召，十六场中突出"羽舞""浣纱""捧心""采莲"等场。梅兰芳及承华社在香港演出前后，太平戏院有白玉堂、千里驹领衔的永寿年班演出粤剧。值得注意的是，5月5日，在梅兰芳预告香港第一天演出头本《西施》时，该班演出了同样讲述西施相关故事的《爱妻剑化吴宫去》；9日，梅兰芳演出《霸王别姬》时，该班则通宵演出名剧《舍子奉姑》，颇有应

《辕门射戟》，梅兰芳反串吕布

对之意。香港的第二场演出剧目原为《凤还巢》，该剧是梅兰芳的新剧，演出要三个半小时，而一般京剧很少超过一个半小时，但是后来改演了在香港更具影响力的《天女散花》，恐怕也是考虑到观众的认可度。在广州，应观众提出演出反串戏、《牡丹亭》、《红楼梦》的要求，将原定5月18日演出的《霸王别姬》改为《辕门射戟》、《春香闹学》双出，5月19日演出的《仙山楼阁》改为《黛玉葬花》。

网络流传一份影像资料，据称是1931年梅兰芳在香港时所摄。影像主要由两部分组成，开始几十秒是梅兰芳参加宴会的场景，之后大部分是梅兰芳演出的场景，剧目包括《游龙戏凤》《红线盗盒》《刺虎》《太真外传》《洛神》《黛玉葬花》，其中《红线盗盒》有简短中英文

梅兰芳在香港各界欢迎宴会上

介绍,《刺虎》注明拍摄者为谢家宝。这段影像可以提取的信息有:宴会中有中西方人士,姜妙香在场,场所好像是私宅,1931 年梅兰芳抵港后曾在陈廉伯私宅参加宴会;《红线盗盒》的英文介绍以剑舞为名,并说明来源于《红线盗盒》,又提及梅兰芳是具有国际声誉的现代中国演员,访美时取得博士荣誉,可见影像摄制在访美之后;影片中《游龙戏凤》《红线盗盒》《刺虎》《黛玉葬花》在同一个舞台演出,台上用的是梅兰芳专用守旧,虽然1928 年梅兰芳在海珠戏院演出剧目中有《红线盗盒》《太真外传》《洛神》《黛玉葬花》,但那时还不是梅博士,而1931 年的粤港演出,影像中涉及的《游龙戏凤》《红线盗盒》并没有出现在戏单上;《洛神》演出时,舞台上挂着"梅兰芳剧是天下名剧,梅兰芳香烟是天下名烟南洋兄弟烟草公司"的帐幕,与南洋烟草公司支持梅

《红线盗盒》 梅兰芳饰红线

兰芳演出的记载相符，而梅兰芳5月14日曾在海珠戏院演出《洛神》。总之，这一资料是否为1931年录制的尚有存疑；当然，也还存在另一种可能，即影像的非演出部分为梅兰芳1931年在香港，而演出部分，则并非1931年在香港，或者并非全在香港。不过此次梅兰芳到香港，报载联华影业公司摄影师曾随行拍摄，只是影像是否留存至今尚未可知。

梅兰芳这次在营业演出之余，曾到岭南大学演出《汾河湾》《刺虎》，另由朱桂芳演出《青石山》，所演都是访美剧目。此次同行的齐如山会不时寄些照片给《北京画报》，其中有一张是他与梅兰芳、岭南大学钟荣光校长夫妇等人的合影。钟荣光是近代著名教育家，社会地位高，后来在日本攻占香港初期被日军殴打致死。他七十岁时曾自撰挽联，可见其一生传奇和志趣："三十年科举沉迷，自从知罪悔改以来，革过命，无党勋；做过官，无政绩；留过学，无文凭；才力总后人；惟一事工，尽瘁岭南至死。两半球舟车习惯，但以任务完成为乐，不私财，有日用；不养子，有徒众；不求名，有记述；灵魂乃真我；几多磨练，荣归基督永生。"

1931 年，天津、上海、哈尔滨等地出现了一种"梅兰芳"瓷水杯，大小与酒杯差不多，杯底镶嵌凸形玻璃，其中印有梅兰芳像，加水后图像会出现在杯底，将水倒去图像就会消失。北方女性常常买来放在桌上，作为一种新巧的玩物。南方女性多喜欢看梅兰芳的戏，有人预测如果将这种水杯大批运到南方，销路一定更胜津沪等地。由此可以看出，梅兰芳的到来定然引起本地商业的呼应。南洋烟草公司又趁机大肆宣传，在烟包中附送梅花券，特种梅花券可以换票看戏，普通梅花券可以换取梅兰芳演出《白娘子》《廉锦枫》《刺虎》《春灯谜》《四郎探母》《红线盗盒》的化装照片。香港某酒家在广告中以梅兰芳为优界大明星为对比，自称是能提供精良食品、美点和佳肴的食界大明星，可见用心良苦。而广州商铺，无论所卖商品是大是小、是轻是重，也纷纷临时以梅兰芳为名，以夸耀其美好。绸缎铺卖梅兰芳缎。更有米店，在上等白米上插标签"梅兰芳每元七斤银毫交易"，"伶界大王"竟然论斤卖，令人喷饭。

梅兰芳在省港演出，正逢粤省政局突变，好在各派对他都持欢迎态度。梅兰芳曾给陈铭枢呈上书信，称此次意在"联合南北同调，商榷改良，以期增进国剧地位，

由美归来后，在上海，梅兰芳与阮玲玉合影

成为异日社会教育之一助",请其给予指导。陈铭枢赠以
"戏剧泰斗"横额。广东的另一位要人陈济棠也赠以"国
剧泰斗"红缎绣金横额。不过,梅兰芳虽然经过访美演
出而广受赞誉,但是对于广东观众来说,他第一次来是
看扮相,不可能第二次来就变成他的戏迷,能欣赏其咬
字行腔。有人在报纸撰文,认为梅兰芳作为京剧名伶,
应该在京剧受众多的地方力支残局,而不是到不懂京剧
的地方一显身手;即便他驻颜有术,也该考虑功成身退
的事情。同上一次一样,粤班人寿年、大罗天等在梅兰
芳到来时选择落乡演出,退避三舍,但也有消息称粤中
伶界此次有意反抗,一雪前耻,计划在梅兰芳第一天演
出时由薛觉先、马师曾合作演出《璇宫艳史》。无论如何,
梅兰芳即便再有号召力,毕竟不会久留此地,所以对粤
班的冲击还是有限,而不管是粤剧还是京剧,在当时遭

遇的最大竞争对手其实是电影，尤其是有声电影。1930 年梅兰芳在访美归来后的宴会上曾与阮玲玉交谈，介绍自己在好莱坞对有声电影的摄制、撮音、试行显声、天然彩色片的配制、导演影片的技术、布景配光的意义都略有了解，认为中国五千年的文化和艺术如果编做电影，再配上声音和天然彩色，不怕不会受全世界欢迎。阮玲玉感觉梅兰芳很注意国内的电影事业，尤其是有声电影。回过头来看，梅兰芳加入联华影业公司，到广东考察有声电影，应该都与这一新认识有关。

梅兰芳与余上沅在火车上

四、重洋归舶暂寄踪

梅兰芳1935年过港，可以说最轻松，也最匆忙，友朋小叙，只有短短三四个小时。

1935年2月，梅兰芳受苏联对外文化关系协会邀请访苏，其后又西行游历波兰、德国、奥地利、比利时、法国、瑞士、英国、意大利等欧洲国家，考察各国戏剧艺术，与当地文艺界人士会晤交流，收获满满。7月10日，梅兰芳与好友、北大教授余上沅一起在意大利登上邮轮"康特凡第（当时报章又作康特凡梯、康脱凡第、唐脱凡提、康脱华特、干德华地、康德威第、康德华特等）号"回国。7月28日，抵达新加坡，8月1日，短暂停留香港，然后原船北上，于8月3日回到上海。

梅兰芳过港，虽然时间匆促，香港富商名流却仍在香港大酒店举办小型欢迎会，招待其载誉而归。欢迎会由中国银行马寿南、潘述庵最先发起，二人也被推选为欢迎代表，到码头接船。参加欢迎会的还有何东爵士、邓肇坚、罗雪圃（罗文干胞兄）、郑铁如（中国银行香港分行经理）、欧伟国（上海商业储蓄银行香港分行经理）、倪士钦（盐业银行香港分行经理）、李道商（交通银行香港分行经理）等香港银行经济界巨子，戏剧界、

梅兰芳与马寿南在香港

电影界前来参加的有马师曾夫妇、谭兰卿、吴楚帆、黄笑馨（绰号"半开玫瑰"）等。

欢迎会首先由潘述庵介绍举办原因，之后是梅兰芳致答词，最后是余上沅发表演讲。梅兰芳音量不高，详细介绍了游欧经历。他提到在苏联观看了喜剧，感觉该国戏剧比较注重民众化，认为中苏戏剧各有所长：苏联戏剧具有欧洲的特点，侧重写实；中国戏剧具有东方的特点，侧重印象。对此余上沅略作补充，他指出，中国的戏剧是写意的，不单单是要把生活的片段搬到舞台上，而且是要将人的心灵通过纯粹的艺术表现出来。总之，梅兰芳所到之处，很受礼遇。他表示英法方面已经有人接洽，自己不久后将赴欧表演。

在欧洲游览的余上沅与梅兰芳

　　梅兰芳去国近半载，此番过港，当然备受瞩目。新闻记者们摩拳擦掌，翘首以盼。梅兰芳也很善解人意，在抵达香港的前两日就从船上发电报给各处报告行程。记者们在码头彻夜守候，待轮船到达，上船见到梅兰芳，与之交谈，并将本地名流在香港大酒店举办欢迎会的消息告知梅兰芳。马寿南、潘述庵作为欢迎代表,姗姗来迟,比记者们晚到两小时。

　　梅兰芳在跟记者的谈话中，讲述了一些归途见闻以及各地气候的差异。邮轮经过红海的时候，因为天气炎热，气温高达104华氏度，也就是40摄氏度，满船乘客挥汗如雨，梅兰芳也整整三天夜不能寐。等离开红海，气温慢慢回落，大家才稍稍可以安眠。7月30日接近香港的时候，曾遭遇风暴，巨浪滔天，所幸糟糕的情形只持续了七八个小时。不少人注意到梅兰芳比出国前显得丰润了，他自称在意大利启程返国时测量体重，发现比在国内时增加了11公斤，而航行在红海时因为热浪的影响，寝食不安，体重还稍减轻了一些。意大利邮轮船主对梅兰芳、余上沅这两位中国戏剧界名人特别优待。两人买的是到上海的头等客船票，最初订的是双人房，同居一室，后来船主特为他们另开一个双人房，两人各住其一。不仅如此，原本应该128镑的船票价格，也为他们减免为98镑。

对于梅兰芳过港，当时报章有短消息，有长篇报道，也有花絮。8月8日，梅兰芳回国后一周，有一份号称"南中国唯一娱乐刊物"的《优游》杂志创刊了，这份由广州优游社出版，在上海、香港、广州发行，在各埠大书局、电影院、报社代售，定价省洋一毫，港仙五枚，在省港两地派驻记者的刊物，不仅刊登了五张梅兰芳过港的照片，包括：梅兰芳在干德华地登岸时情形、到香港时在九龙仓码头留影、梅兰芳步出码头情形、梅兰芳与粤伶

梅兰芳拍摄的欧洲游览纪念照

马师曾夫妇合影、香港大酒店天台留影，还刊登了两篇长文，分别为《梅畹华过港花絮》《写在梅兰芳过港后》，比其他报刊的报道读来生动有趣得多。

何东爵士是声望卓著的香港名流，其特殊的血统、过人的智能、丰富的经历以及雄厚的资财，使其在当时的海内外都具有举足轻重的影响，是既可以在英国觐见乔治国王，也可以在中国与军政界议事的大人物。他原计划在梅兰芳过港时举办一个盛大的欢迎会，以便宾主相聚，把酒尽欢。但是香港到上海的航程受潮水影响，邮轮必须在上午11点启碇，所以欢迎活动不能作很繁复的安排，最终一切从简。梅兰芳与何东爵士交情匪浅。1922年他第一次访港演出，曾受到其盛情款待；1923年何东爵士为联席和平会议南北奔走，二人于年底再次相

梅兰芳与何东爵士在上海合影

见；1924年初何东爵士离开上海前，即使日程十分紧张，
却还是邀请梅兰芳到其位于西摩路的私邸餐叙；1931年，
何东爵士赴欧洲前途经上海小憩，适逢梅兰芳由北平南
下上海，前往拜访。何东爵士因为梅兰芳是联华影业公
司的创办人之一，有意摄制有声国语电影，所以特别在
寓所举办茶话会招待梅兰芳。茶话会上有纽约著名记者

薜力施夫妇、俄国跳舞大家舍哈罗夫夫妇、美高梅驻沪代表奥干那等外国宾客，还有联华影业公司的司理黄漪磋、制片主任黎民伟，以及一众女明星，如联华明星阮玲玉、林楚楚、陈燕燕、周丽丽，歌舞明星王人美、黎莉莉、薛玲仙、胡笳等，衣香鬓影，星光熠熠。同年值何东爵士夫妇金婚纪念，远在北平的梅兰芳和福芝芳还一道致电道贺，电文由朋友代拟，用的是骈体文，称颂极为得体。1940年9月11日，梅兰芳停留香港期间，还参加过何东爵士五女何艾龄与郑湘先的结婚典礼。

过港欢迎会酬酢之间，有人曾请梅兰芳即席作画，梅兰芳婉言拒绝，表示时间太匆忙，实在无法满足这一请求，不过他改赠近期书写的诗章以表示感谢。诗的末二句为"我有诗人南国恨，不堪涕泪忆蒹葭"，反映他未忘南国诗人、兼葭楼主黄晦闻的深情厚谊，颇得座中人士的赞许。兼葭楼主乃南社诗人黄节，原名黄晦闻，字玉昆，广东顺德人，清末在上海参与创办国学保存会和《国粹学报》，以保存国故，提倡革命为职旨。民国成立后加入南社，长居北京。他所作《冬至（其三）》："国事同儿戏，无人与笑谈。今朝歌者技，一辈大官惭。才绝青衣赋，情兼白杏慙（梅畹华夜演"俊袭人"一剧）。日闻坊院乐，真是客宣南。"其中提到自己观看梅兰芳演出《俊袭人》的经历，并对梅兰芳的表演称赏不已。1935年1月24日，黄晦闻在北京病逝。

1935年，梅兰芳有将近一半的时间不在国内。和1930年美国之行——一国多地不同，这一年他遍访多国多地，充分体验了各具特色的地域风情和文化氛围。不过这一年国内很不平静，如果说1931年的水灾或许是中国有史以来最大的水灾，1934年的旱灾或许是中国有史以来最大的旱灾，那么1935年，中国大地则是水旱灾荒双管齐下，先大旱，接着发大水，长江、黄河同时泛滥。梅兰芳在返国归途中就从报纸上得知了消息，心中忧急。8月4日，在李石曾、钱新之等人于福开森路世界学院筹办的盛大欢迎茶会上，他对众人提出的演剧筹赈请求完全赞同。那时北京方面也有电文请他入京演剧助赈，所以后来梅兰芳先入京，后返沪，还到杭州等地演出筹款，拳拳之心，昭昭在目。其间他因舟车劳顿，还患了眼疾。

这一年梅兰芳四十二岁，在国内外都享有盛名。有报道说，"他在参加各地赈灾筹款演出后，将放弃舞台生活，从事理论研究"。余上沅在1935年9月受聘担任新成立的国立戏剧专科学校校长，梅兰芳和欧阳予倩等一起被聘为教师，招生分别在南京、上海、北平、武汉等城市进行。此时，梅兰芳的生活已经发生巨大变化。

梅兰芳与余上沅

五、光影流连意可通

　　1938 年 5 月底，梅兰芳在香港利舞台二十天的演出结束。剧团其他人员北返，他则留居半山干德道。刚开始，新知旧友来访者络绎不绝。好奇的西方人士登门造访，他也每每亲自接谈，临别赠以戏装照片。后来则渐渐闭门不见生客，只与少数好友往来。在这栋可以看到九龙海景的四层公寓的第二层居所，梅兰芳生活简朴而有规律，看看报纸，练练太极，读读古籍，学学英文，玩玩邮票,喂喂鸟儿,听朋友们聊聊世界形势,给孩子们讲讲故事,外出则打打羽毛球,吃吃北方菜,喝喝下午茶,看看电影,到朋友家弹弹钢琴,带孩子们到海滨游泳等。他坚持画画,除了画梅花等花卉,也临摹戴熙山水,曾无意间为朋友的照片上色,因为用笔细腻、敷色淡雅而大受好评。他对于播音节目极其熟稔,收听电台里播放的戏曲及中外音乐。在自拉二胡研习唱腔,或请当时在香港交通银行供职的许源来吹笛吊几段昆曲时,都关好门窗,拉上窗帘,以避人耳目。对于演出邀请,他一概予以谢绝。

作为电影爱好者,电影在梅兰芳居港的日常生活中占据重要地位。1938年,因为内地逃难到香港的人口突增,观影娱乐需求随之扩大,香港电影院的经营状况有

利舞臺
梅蘭芳劇團

LEE THEATRE
presents
MEI LAN FANG
AND COMPANY

梅兰芳剧团利舞台演出唱词单

蒸蒸日上之势，新建电影院的计划纷纷上马。香港当时有娱乐戏院、皇后戏院、平安戏院、国民戏院、中央戏院、东方电影院、香港大戏院、大华戏院、新世界戏院、太平戏院、利舞台等影剧院，太平戏院、利舞台兼营戏

梅兰芳在港寓所内读报

剧演出。梅兰芳及其家人常去的是娱乐戏院（KING'S
THEATER）和皇后戏院（QUEEN'S THEATER）。这
两家戏院专门放映电影，都在繁华热闹、人流如织的皇
后大道上，相距不远，一为 King，一为 Queen，倒也相
映成趣。梅兰芳看电影时很低调，会选择晚上9点半的
场次，算准时间带孩子们从家中出发，赶在场内灯光渐
暗时入场，还会把自己的礼帽压低以免引起其他观众的
注意。不知道当年有哪些幸运儿曾经和梅兰芳同场看电
影而不自知。梅兰芳居港期间，本地上映的西片，主要
来自派拉蒙、米高梅、雷电华、二十世纪福克斯、环球、
哥伦比亚等美国电影公司，不乏名片，包括《我若为王》
（*If I Were King*）、《卿何薄命》（*Dark Victory*）、《卖花
女》（*Pygmalion*）、《魂归离恨天》（*Wuthering Heights*，
今译《呼啸山庄》）、《宾虚》（*Ben-Hur*）、《孤儿乐园》

（*Boys Town*）、《咫尺天涯》（*Just Around the Corner*）、《关山飞渡》（*Stagecoach*）、《不能欺骗老实人》（*You Can't Cheat an Honest Man*）、《侠盗罗宾汉》（*The Adventures of Robin Hood*）、《浮生若梦》（*You Can't Take It with You*）、《舞曲大王》（*The Great Waltz*，今译《翠堤春晓》）等，后又有《绿野仙踪》（*The Wizard of OZ*）、《钟楼驼侠》（*The Hunchback of Notre Dame*，今译《巴黎圣母院》）、《美国的大地》（*The Grapes of Wrath*，今译《愤怒的葡萄》）、《木偶奇遇记》（*Pinocchio*）、《乱世佳人》（*Gone with the Wind*）以及迪士尼动画片等。不知道梅兰芳看了哪些，而诙谐、伦理、战争、社会、歌舞、犯罪、历史等片型，梅兰芳又钟情哪一类型。

梅兰芳不仅把看电影当作一种娱乐消遣，更看重可

梅兰芳在香港打羽毛球休息时与球友合影

以借鉴电影表演艺术来丰富自己的舞台艺术，汲取艺术表演经验。这其中最值得一提的是观看卓别林制作、导演的《大独裁者》。1941年3月，梅兰芳的老朋友、美国著名喜剧演员卓别林的《大独裁者》即将在香港上映。梅兰芳受利舞台经理之托，拍电报给卓别林，说明自己与利舞台的关系，为既是戏院又兼映电影，且实力弱于专映电影的娱乐戏院、皇后戏院等大型戏院的利舞台争取《大独裁者》在中国的首映权。后来联美电影公司的远东代表柯尔士还亲自从上海前来视察利舞台。利舞台因为上一年正好花费十五万余元进行过装修改建，布置华丽，座位舒适，也以不俗的实力为自己赢得了肯定，不负梅兰芳所荐。梅兰芳与《大独裁者》这一佳片有约七次。梅兰芳对这部影片赞不绝口，认为其思想性和艺术性都具有可供人一再探索的高度和深度。希特勒在大厅玩地球仪这场戏给梅兰芳留下深刻印象。卓别林饰演希特勒，从看球、舞球到球破，整个过程的逐步推进以及人物形体、心理、表情的层次和细节变化，梅兰芳都认真咀嚼和品味。他对卓别林冷隽、幽默的表演风

《大独裁者》今在港公映
载于《中国艺坛日报》
1941 年第 1 期

《梅兰芳三看"独裁者"》
载于《中国艺坛日报》
1941 年第 30 期

《我的电影生活》手稿

格心悦诚服，体会颇深。艺术家之间的惺惺相惜大概不外如此。观看该片有一个很生动有趣的纪念品，至今仍收藏在梅兰芳纪念馆中，那是一个当时随电影票附赠的火柴夹子。梅兰芳曾对照实物原件亲笔绘制写真画一张，封面上希特勒玩地球仪的图像、盒子中设计得像炸弹一样的火柴、希特勒屁股上的磷片，在梅兰芳笔下惟妙惟肖，趣味横生。

除了看"西片"，梅兰芳对"国片"也很感兴趣。当时中国的古装片还在起步阶段，遇到古装新片到港，他总会电话邀约许源来一同去看，看完后还要对艺术处理方面的相关问题，如影片中的服装、动作和背景的配合，何处相对调和、何处显得生硬进行讨论。1940 年春节期间，梅兰芳先后观看了卜万苍导演、陈云裳主演的《秦良玉》和王次龙导演、胡蝶主演的《绝代佳人》，其中《绝代佳人》在香港首轮由利舞台和中央戏院联映，第一天收入即达到港币四千多元（合国币一万多元），可谓成绩卓绝。梅兰芳接受记者访问时表示，《绝代佳人》

梅兰芳与费穆、黄佐临等合影

大体上颇为可取，胡蝶的表演沉着自然，体现了深厚的个人修养，王次龙在导演古装片方面采用的手段值得钦佩，但未能尽展所长，存在一些技术问题，有些场景的设计不合理，等等，说的都是内行话。1940年民华影片公司摄制的电影《孔夫子》（费穆导演）到香港献映，梅兰芳不仅到戏院观看，还托人介绍与民华协理童振民畅谈。将戏曲搬上银幕一直是梅兰芳重点关注和努力研究的事情，他经常与香港电影界的友人一起讨论相关问题。观看了纪录片《古中国之歌》（费穆编导）试片后，梅兰芳拍片的态度更为积极，想把自己的代表作搬上银幕，以做纪念。通过看电影可以摸索拍电影的门径，为将来的拍片积累经验。

抗日战争爆发前，上海是全国电影业的中心，战争爆发后，因为时局的关系，很多制片公司都谋求他迁，影人纷纷离沪，到武汉，到重庆，或者到香港。在香港的影片公司还可以照常工作。梅兰芳留港期间与电影界仍然联系紧密，有意与他合作的电影公司也不少。1938

年，明星影片公司经理周剑云在香港时，曾一度与梅兰芳长谈，希望将他的名剧《霸王别姬》搬上银幕。梅兰芳表示赞同，只是主张要按照京剧场面进行拍摄。不过后来，预期的分配演出人员、办理各种手续等工作并未推进。同年，德国人也在谋求与梅兰芳合作，拍摄彩色歌舞片。梅兰芳到香港后，德方还委派代表继续找他谈判。梅兰芳对此事原则上赞同，不过冯耿光则主张不宜草率，以免损害梅兰芳的声誉。他认为，德方具有机械以及人员技术上的优势，但是拍摄影片大体上还是应该保持戏剧艺术的主旨，尤其是剧本方面，究竟是略将旧剧做些变更还是另行编制，是很重要的问题。此外，"梅党"之一的中国银行行长吴震修恰好去了四川，需要等他回香港后初步确定，然后才能进一步商议合作办法。1939年，香港当红女星唐醒图聘请上海名导演王次龙拍

电影《生死恨》，梅兰芳饰韩玉娘，姜妙香饰程鹏举

摄国语电影《张青与孙二娘》，某晚她宴请杜月笙、王晓籁、梅兰芳三对夫妇，共同讨论影片进行办法。其间，王次龙与梅兰芳就剧情商谈甚久。宴会后，二人还时相

过从,进一步商讨。1940年1月,上海的"一门三杰"——导演陈铿然和妻子徐琴芳(《荒江女侠》主演)以及妻妹路明(原名徐薇官)到香港拍片。徐琴芳是唱老生的票友,擅长《捉放曹》《四郎探母》,曾有老伶工说她是可造之材。梅兰芳与三人会面交谈,夸赞他们名副其实,堪称"三杰"。4月1日,梅兰芳到南粤摄影场参观陈铿然导演的《打渔杀家》的拍摄情况。他对路明饰演的萧桂英大加赞许,认为其具有古代女子应有的羞涩端庄的神情。

这一时期,梅兰芳与费穆导演也常有往来,两人会就艺术上的问题交换意见。1945年冬,梅兰芳在上海美琪电影院演出昆曲,费穆曾帮忙组织。从1947年开始筹拍彩色舞台艺术片,到1948年影片开拍直至拍摄完成、上映，梅兰芳全情投入，对于剧本改编、舞台艺术与电影艺术相结合等问题都进行了有价值的探索。影片拍摄过程中，他在表演上也有了新的体会，这与日常生活中广泛、深入地观摩电影不能不说有很重要的关系。他也实现了在香港时对朋友说过的"等抗战胜利后一定要拍一部古典戏曲的片子"的愿望。

在香港与梅兰芳时常并列出现在报章中的电影明星首推"电影皇后"胡蝶。1938年梅兰芳抵达香港时，胡蝶是到码头迎候者之一。1940年，报章上曾详尽报道来自香港的消息，称梅兰芳和胡蝶在3月因香港一度局势紧张，相约暂避菲律宾，两个月后返港，又于10月同船赴美，胡蝶夫妇往好莱坞，梅兰芳夫妇及子女往华盛顿。说得有鼻子有眼，可惜只是不实传闻，但彼时香港的不

梅兰芳1935年在苏联与明星胡蝶合影

安定、人心惶惶可见一斑。1941年日本侵占香港以后，作为文化名人，梅兰芳和胡蝶被重点关注，时常要面对日本占领军的威胁、压迫和欺侮。1942 年他们被迫参加文化名人赴广州观光团，被迫与日本占领香港时的地方民政长官矢崎勘十合影，这一切都是日本粉饰太平之举。在日渐紧迫的恶劣环境下，梅兰芳、胡蝶都想方设法离开了香港，一个回上海，一个往重庆。

梅兰芳在香港寓所外

六、欣看桃李沐春风

1940年，田汉称赏的"美丽的小鸟"王熙春受谭派须生安舒元之邀，组成春明剧团一同到香港利舞台短期登台。王熙春是南京人，父亲王锦荣唱小生兼司鼓，母亲王凤祥是名坤旦。她幼年时期跟随父母在南京戏班生活，九岁即能演《打花鼓》《小放牛》等戏，十三岁正式搭班挂牌演出。1936年，她拜在黄桂秋门下，成为黄门第一弟子。后加入扶风社，得到周信芳的提携，在上

王熙春

海演出的《香妃恨》《文素臣》《董小宛》等剧风靡一时。《文素臣》后被合众影片公司拍摄为四集电影，《香妃恨》也被朱石麟改编为电影《香妃》。可以说，王熙春是带着京剧红伶、电影明星的光环南来香港的。

彼时的香港，因为抗日战争的缘故，有很多非本土人士，包括寓公、商人、学生等。他们除了以跳舞和看电影为娱乐消遣之外，对京剧的需求也很强烈。虽然梅兰芳以及林树森、金素琴、卢翠兰等京剧名伶曾访港演出，但是因为票价太昂贵、配角不整齐，从性价比考虑，这些旅居者多踟蹰不前。有鉴于此，邀请王熙春、安舒元等人前来的戏院老板一方面将票价限定为最高不超过两元，另一方面力求配角完整。

春明剧团首演之夜，开幕典礼由胡蝶剪彩，极其隆重。某一个周日的日戏，王熙春演出《宇宙锋》，到"老爹爹发恩德"唱【慢板】，唱到第二句，突然观众一阵骚动，她瞥见梅兰芳坐下观剧，一时乱了方寸，心慌得拖腔竟然掉了板。散戏之后，梅兰芳、福芝芳夫妇在冯耿光夫妇的陪同下来到后台，王熙春正准备下装，惭愧于自己刚才的失误，梅兰芳却宽慰她演戏难免有失误，又鼓励说演出总体不错，并称赞她演戏有悟性。看梅兰芳对王熙春颇有赞赏之意，冯耿光夫人随即建议他收王熙春为徒。梅兰芳听罢一笑，王熙春当然求之不得，喜出望外，她机灵地马上下跪磕头，诚意拜师。第二天，冯耿光在浅水湾饭店代为开席两桌，梅兰芳、王熙春师徒正式行礼，王熙春得以列入伶界大王的门墙。当时报刊对此事热烈报道，曾有文章称，王熙春从此一登龙门，

梅兰芳
与王熙春合影

身价增加百倍。

其实王熙春与梅兰芳的缘分冥冥中早已前定。她年少时曾与梅兰芳有一面之缘，那是在南京，有一天她经过白下路，正遇到梅兰芳由一家银行拜客出来，她跟随人群争看，不小心撞到梅兰芳身上，当时挂着盒子枪的门卫正准备揪住她，幸亏梅兰芳温言劝解，才免受惊吓。为此，她对梅兰芳的和气印象极深。后来她拜黄桂秋为师，而黄桂秋与梅兰芳正是师兄弟关系，都受教于老夫子陈德霖。梅兰芳新收门徒，听说她是向师弟黄桂秋学的戏，很是满意，称赞黄桂秋自成一派，唱腔婉转动听。他向王熙春强调，不要丢了黄桂秋传授的东西，因为唱腔不同，各成一派，但大家都是京剧界这个大家庭中的成员。不论生角、旦角，如果这个大家庭里只有一派，京剧就会停滞不前，没有发展前途了。黄桂秋后来接到王熙春的书信，得知她已拜在梅兰芳门下，很高兴，认为这是她的福气，又提醒她既要用心跟梅先生学戏，又要向梅先生学习做人。

梅兰芳认为王熙春的身段做工虽然尚未臻于化境，但是并没有沾染恶习气，嗓音虽然窄，但是并非没有办法改善。他收王熙春为徒后，时常会去看王熙春演戏，散戏后，会就一出戏应该怎么唱做对王熙春进行详细指点。每日下午五点，王熙春都要从居住的毓秀街27号到干德道8号梅兰芳寓所去吊嗓。梅兰芳对王熙春的艺术成长关怀备至，有时深夜收听北京、上海广播的京剧，会提示王熙春注意听张君秋等人的气口、劲头，要求她在这方面下足功夫。

《十三妹》，王熙春饰何玉凤

王熙春在香港停留期间，梅兰芳对她演出的《宇宙锋》《三娘教子》《贩马记》《贵妃醉酒》《霸王别姬》等戏进行了指导。1938年5月14日，梅兰芳曾和奚啸伯、姜妙香在利舞台演出过《宇宙锋》。王熙春过去是从"修本"演起，而且唱的都是【西皮慢板】。梅兰芳给了王熙春一个本子，为她说戏，还教她将"修本"改唱【原板】，避免唱腔与"嫁匿"重复。自此，王熙春的戏单上有了全部《宇宙锋》。在表演方面，梅兰芳教导王熙春要按唱词提示的剧情悲喜来唱，或缠绵含蓄，或爽快流利。吐字要求准确，让观众听得懂、听得清。不论是修本、毁容、装疯还是在金殿怒骂昏君，都要保持形象美，切忌矫揉造作。关于《三娘教子》，王熙春过去只演"机房"一场，梅兰芳给了一个本子，教她增添头尾，在前面加一场灵堂，唱【西皮导板】，后面加上【南梆子】，此后王熙春的《三娘教子》也完整了。关于《贩马记》，梅兰芳给王熙春讲解，李桂枝的表演重点在于显示其急于为老父申冤的一面，与赵宠闺房戏谑的一面相呼应，才能把桂枝当时亦悲亦喜的复杂心情反映出来。关于《贵妃醉酒》，梅兰芳为王熙春分析，杨贵妃的出场不同于《霸王别姬》中虞姬的出场。杨贵妃因备受明皇宠爱，所以气质雍容华贵，既娇且骄，出场时的心情无疑是欢乐的。虞姬的情况不同，当时项羽听信谗言，贸然兴兵灭汉。虞姬素知霸王有勇无谋，刚愎自用，所以出场时心情沉重，略带愁容，不过举止仍要庄重大方。霸王饮酒，是被困垓下，以酒浇愁。虞姬舞剑，非为取乐，而是为霸王分忧解愁。相对时要强作笑颜，背转身时要默默悲泣，这样处理比较符合人物当时的情感。后来梅兰芳又给了王熙春《凤还巢》《抗金兵》两个本子，为她排戏、

《四郎探母》，王熙春饰铁镜公主

说身段、教唱腔。只是后来王熙春一直没有机会演出《抗
金兵》。

梅兰芳强调要选择演好戏，不演坏戏。有一次王熙
春演《坐楼杀惜》，后来她应观众要求带演《活捉》。梅
兰芳知道后向她了解情况，王熙春说明了一些客观原因。
梅兰芳很严肃地说，如果他事先知道，肯定不会让王熙
春贴这出戏。他的理由是，王熙春好不容易给观众留下
美好的印象，却被这出戏破坏了。他开玩笑说："好好
的闺门旦你不做，要做泼旦，还要做鬼。"梅兰芳解释
说，要演贤淑、善良、勇敢、正义的妇女形象。这个鬼
演得再好，还不是一个恶鬼、坏鬼，没有意思，不值一
演，况且演了对王熙春也是不利的。王熙春随后遵从师
教，第二场改为演全部《宇宙锋》。

王熙春在香港

梅兰芳夫妇在上海马斯南路寓所与王熙春等合影

　　除了教戏以外，梅兰芳还为王熙春谢绝跳舞、游宴等交际活动出主意。他认为完全可以置之不理，因为女演员如果经常在交际场所露面，会给观众留下不好的印象。他建议王熙春跟随他的一些朋友习练书画，陶冶性情，助益艺术提升。他喜欢摄影，也给王熙春拍了不少照片。

　　王熙春在香港利舞台的演出，刚开始的一周票房还比较可观，后来因为班底的腐败而逐渐衰落。同时因为利舞台有两千多个座位，和上海的天蟾舞台差不多，在香港演出京剧能保持长时间满座也不容易。有消息说最终戏院亏折了几千元。4月20日，王熙春和母亲一同返回上海，行前她向梅师求画，原来是想要一张佛像，冯耿光笑称她年纪轻轻不必要佛像，梅兰芳最终以墨梅图相赠，题曰："熙春问业于余，以行将北归，向余索画，写此贻之。"又嘱咐王熙春拍完《文素臣》电影再到香港，以便自己多教一些戏给她。原本王熙春打算当年六七月间再到香港，多待一些时日，以便就近问业，不过后来并未成行。

　　1942年梅兰芳回到上海后，还曾派许姬传接王熙春

梅兰芳赠给王熙春的小竹衫

到家中说戏。他时常教导王熙春，做演员要多看别人的
戏，多听别人的唱，要大胆吸收，勇于革新；演出时不
能有一点马虎，也千万不要在舞台上矫揉造作，引起观
众反感。王熙春结婚后曾经脱离舞台一段时间，有一次

梅兰芳赠给王熙春的《霸王别姬》双剑

去梅宅探望,梅兰芳劝告她,现在虽然不唱了,还是应该时常吊吊嗓子,将来一定还会用得到。

　　梅兰芳赠送给王熙春的物品中,比较珍贵是一件梅兰芳演出时贴身穿用的隔汗竹衫,还有梅兰芳早年演出《霸王别姬》时虞姬所舞绣花包铝双剑(今由王熙春家人捐献给梅兰芳纪念馆收藏）。1960年7月22日至8月13日，中国文学艺术工作者第三次代表大会在北京召开，8月14日晚，王熙春在中山公园音乐堂观摩了老师的新戏《穆桂英挂帅》，演出后她和盖叫天先生一起去后台慰问，梅兰芳一见面就虚心地请他们提意见，让王熙春十分感叹。这次是师徒俩最后一次见面。

香港街景

七、山河破碎欲途穷

梅兰芳虽为戏剧大王，但并没有因此远离战争，甚至抗日战争历史上的几个重要时刻，他都算得上是见证者。1931年九·一八事变发生当晚，他在北平中和戏院演出《宇宙锋》，张学良等人正在包厢观看，忽有人送来急电，张学良和随行人员立刻起身离开。第二年冬，梅兰芳举家南迁，以避战火，也为了避免被"请"到关外去献艺。1937年八·一三事变发生时，他正在上海，

香港海景

虽然租界暂时无虞，但是枪炮声听来也让人心惊。而日军侵占上海后，经常有日伪分子和地痞流氓来骚扰纠缠。第二年春，梅兰芳终于在冯耿光帮忙联络下暂离"孤岛"，赴港演出，后隐居下来。从北平到上海再到香港，实际上也是一条主动选择的避乱之路。然而，战乱时节，哪里有永远安全之地。

　　一切来得猝不及防。1941 年 12 月 8 日上午，日军开始发动进攻的时候，梅葆琛和梅绍武还在九龙青山岭南大学附中的教室里上课。学校方面很快组织师生紧急撤离。九龙公共汽车公司派车接学生们返回九龙城，但过海轮渡已经停航，第二天大家前往尖沙咀轮渡也被告知停航，最后学校租用木船，将学生偷渡过海回到香港。两个孩子总算有惊无险地回到家中，也让梅兰芳放下心来。日军占领九龙后，从九龙向香港岛发射炮弹。虽然梅家租住的公寓与日本领事馆相邻，应该相对安全，但是枪炮无眼，梅家有一半房间朝向九龙，目标明显，不可不防。夜晚大家会挤在几间背向九龙的屋子里打地铺和衣而卧。佣人阿蓉的房间在朝向九龙的那边，曾有一枚炮弹破墙而入落在阿蓉的床上，幸而没有爆炸，后来炮弹被抱到外面，滚到附近山谷里处理了。情势凶险，

香港山景

梅兰芳等人一度避藏在一个山上的深谷里。据说高陞戏院因地点适宜，被当局征用，储存粮食，以备就近接济军民；中央戏院因建筑时间比较晚近，相对坚固，一度用作高射炮位，以应对空中轰击。这就是战火延烧中伶人（普通民众）和戏院（民用建筑）的真实写照。

日军占领香港后，作为普通市民的梅兰芳，家中曾经两次遭遇日本士兵的无端闯入，一次是要求提供毛毯御寒，一次是满屋搜查，其中一名日本兵还将孩子们的英语读物扔在地上，用刺刀狠扎，大声威胁不许再看。日本兵来的时候，因为冯耿光会日语，所以没有遇到太大的麻烦。然而作为文化名人的梅兰芳，还有更难以对付的事情在等着他。不久以后，日本人黑木奉命登门，"请"梅兰芳去见日军司令酒井。当时正在梅家做客的中国银行职员周荣昌自称是梅兰芳的秘书得以随行。梅兰芳坐船过海，被带到司令部所在的半岛酒店某会客室。酒井先介绍自己早年在驻华使馆担任武官，在天津担任驻防军司令的经历，然后表示看过梅兰芳的戏，并提出希望梅兰芳登台演戏之事，被梅兰芳以年纪大、扮相差、嗓子失调为由拒绝了。所幸梅兰芳有先见之明，在香港即将陷落的时候就已经不再剃除唇上胡须，所以显得理由更为充分。当时酒井别无他话，然而自诩为"中国通"

的黑木又抓住难得的机会，非要拉梅兰芳去家中吃晚饭，然后大谈他对京剧的认识。整整一天后，梅兰芳终于回到家中，大家才稍微放下心来。日本方面当然不会轻易放过以梅兰芳大做宣传的机会，之后他们曾三次要求梅兰芳登台表演。一次是军方某部召开占领香港庆祝会，来信相邀，梅兰芳正好牙疼而面部肿胀，以医生证明说明原因抵挡了过去；一次是派专人百般威逼要求演戏数天，梅兰芳以久不登台，嗓音不济，剧团不在香港为由对付过去了；一次是南京汪伪政府庆祝"还都"，日本特务机关派专人来港接梅兰芳，他坚称自己有心脏病从来不坐飞机再次推辞了。

日军占领前，梅兰芳即感叹"香港居，大不易"，公寓房租每月约国币四百元，家里还有跟随多年的女佣要支付薪水，开销较大。日军占领九龙，攻打香港岛的时候，住在半山很难下山买粮买菜，梅兰芳一家与朋友们，如冯耿光夫妇、中国银行重庆分行经理徐广迟、许源来父子等十多人，只能吃存粮和罐头。僧多粥少，而且不知道仗要打多久，所以每顿饭每人只有一碗饭配一点罐头或咸鱼。日军占领香港后，严令实行粮食配给，尽管自己存的粮食不多，梅兰芳仍尽力照顾亲友。齐如山次子齐煐全家当时住在九龙，生活困难，缺少粮食，梅兰芳听说此事，总叮嘱他多跑几趟，每次装一手提篮米回去渡过难关。梅家住的人多，为了大家不挨饿，梅兰芳还曾经派梅绍武和梅葆琛两个少年下山去冯耿光的一个朋友家取大米救急，虽然两人经过一番乔装，但是来回要经过很多日军岗哨，而且一旦被发现私运粮食，还有被枪毙的危险。大米最终被取回来了，孩子们机智勇敢，

1941 年夏全家合影
前排左起：梅葆玥、福芝芳、梅葆玖、梅兰芳
后排左起：梅绍武、梅葆琛

父亲也体现了将大家的利益置于个人利益之上的高义。日子过得十分艰难，但是梅兰芳勉力维持，并没有告知孩子们。有一次梅绍武吵着让父亲给他五十元钱买邮票册，父亲才如实相告，当时日本人规定每户人家每月只能从银行提取五十元，也就是说五十元就是全家人一个月的开销，都买了邮票，就连饭都吃不上了。他感觉自己一下就长大了，也理解了父亲。

香港的局势日益严峻，粮食和物资严重短缺，日军要求紧急疏散人口。趁此机会，很多住在梅兰芳家的朋友都设法离开了。因为一方面忧心日军强行征兵，另一方面考虑孩子的学业前途，所以梅兰芳先托老友顾兰荪、钟可成带十七岁的梅葆琛去重庆，就读于广益中学，后又托中国银行董事汪楞伯带十四岁的梅绍武经广州转赴

梅兰芳
在港寓所阳台上

贵阳，就读于清华中学。1944年梅葆琛转学到贵阳清华中学，和梅绍武一起读书，相互照应，这是后话。送走两个孩子后，梅兰芳又和友人们商议自己的脱身之法。原本在香港沦陷前，因为战事吃紧，冯耿光曾建议他先到桂林，且已请中国银行桂林分行经理帮忙租好了房子，并准备添置家具陈设。梅兰芳原计划年后动身，结果一切都被日军突袭和占领香港打断了。此时有人建议梅兰芳化装偷渡到内地去，但是也有人认为他名声在外，面容辨识度太高，即使化装潜行，也难保不被认出来，万一被发现，反而不利。

关于梅兰芳是如何从香港返回上海的，有很多种说法。梅兰芳自己说，因为他以体弱多病为由推诿，又开始留胡子，所以日本人后来也不来啰唆了，表面上对他的态度好像也有些转变，并且把他送到上海。梅绍武说父亲接受了冯耿光的建议，与其一人留在香港，不如回上海与家人同甘共苦，于是怏怏不乐地取道广州返回上海。梅葆琛则说父亲是被日本人押上军用飞机送回上海。梅兰芳乘坐飞机返回上海应该是肯定的。比较可靠的线路说法是，梅兰芳从香港坐船到广州，7月26日乘坐日伪合办的"中华航空株式会社"的飞机从广州经停台北飞上海，降落在大场机场。至于是否被押送，尚未可知。当时的确有些名人是被押送回上海的。日本人和久田幸助说是他帮忙办理手续，备妥了护照，让梅兰芳回上海的。总之，当时谣言纷纷，说梅兰芳乘坐的轮船被击沉，梅夫人福芝芳也受了很多惊吓，落下了面部抽搐的毛病。

若干年后，梅兰芳几次接受采访谈及香港沦陷后的日子，还直呼危险，说恐慌极了，以为不能生还，至今想起，还心有余悸。实际上，他回到上海也并没有摆脱危险，忠贞自守还需坚持到抗战胜利的那一天，一家人的团圆，也需等到抗战胜利之后。

梅兰芳西装照

八、知音相许两心同

　　梅兰芳与薛觉先的交往如果以1928年梅兰芳到粤港演出算作起始，以1956年薛觉先去世算作结束，其时间长达近三十年。梅兰芳比薛觉先年长十岁，出生于梨园世家，自小学戏，以勤补拙，二十岁左右享大名，虽然没有接受正规教育，但转益多师，读书、习字、绘画、鉴赏古器物等，也对滋养身心和艺术大有助益。而薛觉先虽非"红裤子"出身，但在演戏方面富有天分，十八岁才开始在戏班做事,十九岁即走红,二十六岁时更自组"觉先声"剧团。不同于一般粤剧伶人,他曾在香港圣保罗书院读书,文化修养较高。细数起来,梅兰芳与薛觉先有很多共同点。他们在京剧界、粤剧界都是举足轻重的人物,都是力主革新,开创流派的人物,都是在化装、戏服设计上独具审美品位的人物。都能文能武,一个反串吕布,风流倜傥,一个反串花旦,曼妙活泼;一个获得过荣誉博士学位,一个是"国际哲学科学艺术学会"会员,获得 M.S.P 荣衔。一个代言"梅兰芳香烟",一个代言"白金龙香烟",都由南洋兄弟烟草公司出品。他们都与电影界关系密切,参与创办电影公司,主演电影,具有时代的精神和远大的目光。他们都喜欢穿西装、戴礼帽,都能书会画,喜欢收藏古物。他们如此长久地交往,既有偶然,也有必然,确实不同寻常。

梅兰芳香烟广告

白金龙香烟广告

梅兰芳香烟广告

在与薛觉先相识之前，梅兰芳曾在上海与粤剧女伶李雪芳见面交谈过，那是1922年，同年10月，他第一次到香港演出，第一次走进粤语的主场。而在与薛觉先见面之前，他们的名字曾在报上被人一并提起，那是1926年，薛觉先以"章非"之名导演并主演《浪蝶》，《申报》发表了稺云的《梅雪交辉浪蝶舞》，意在推广电影，但开篇则说："斯篇所述非畹华也，而与畹华不相上下，负声誉于一方者也，然则果何人乎？请毕吾说：粤中有薛觉先，年才逾冠，敏慧绝伦，风度翩翩，有美少年称，嗜音乐，工粤曲，彼省人士莫不以'广东梅兰芳'誉之。"耐人寻味的是，梅兰芳后人收藏的一份老报纸显示，梅兰芳曾在当年9月4日出版的《上海画报》的该片广告旁批注"存"字，冥冥中似乎已有神交。

1928年两人会面时，薛觉先送给梅兰芳一件精美的金玉满堂帷帐作为礼物，此物为清末广州状元坊出品，可以收藏也可以自用。也是这次，薛觉先看了梅兰芳演出的《天女散花》后，特意购置了一个"仙女散花"瓷罐作为纪念。1955年，他到北京参加中国人民政治协商会议，又将这个珍藏多年、意义非凡的瓷罐送给梅兰芳。这两件凝结了深情厚谊的礼物，后来又传承到下一代手

《岁寒三友图》，邓芬画松，薛觉先画竹，梅兰芳
补画梅花并由邓芬题诗

中：梅兰芳将帷帐送给梅葆琛作为结婚礼物，瓷罐交与
梅葆玖收藏。

1930 年，薛觉先在上海参加过欢迎梅兰芳的舞会。

这一年梅兰芳访美大获成功。1931 年，梅兰芳第二次到粤港演出时是否与薛觉先见面不得而知，不过由报纸的演出广告可以看到觉先声剧团的"行动路线"：梅兰芳在香港高陞戏院演出，薛觉先就在广州海珠戏院演出，而梅兰芳返回广州海珠戏院演出，他就到香港高陞戏院接演。1932 年，梅兰芳、薛觉先共同的好友伍朝枢趁二人都在上海（梅兰芳当时已经迁居上海，薛觉先则是前来创办南方影片公司，预备拍摄《白金龙》），在谭海秋公馆设宴款待。两个"很要好"的人终于又多了一次聚会叙谈的机会。宴会上梅兰芳还和薛觉先夫人唐雪卿共舞，虽然他并不擅长此道，但是毕竟多才多艺，跳舞的架势像模像样，足足跳了半个多小时，也实属难得。

20 世纪30 年代，梅、薛二人在京剧界、粤剧界声

梅兰芳与薛觉先、白驹荣合影

名显赫,他们一起被人赞扬,也一起被人批评。1933 年,
巴金旅行到广州时,被海珠戏院前薛觉先的演出招贴吸
引,决定看看薛觉先的戏。结果令他大失所望,心情沉
重。舞台上全是鬼魂,忠臣孝子义夫节妇就是中国民众

得到的养料，使他痛斥中国的一切旧戏和旧的遗产。他认为没有人关心中华民族的前途，没有人对真正毒害中华民族的东方陈腐文化加以严厉批评。他认为薛觉先和其他伶人一样是旧时代的鬼影，顺带地，他把被高等绅士们送出洋的"扮女人"的梅兰芳也抨击了一番。同年，还有人撰文将梅兰芳、薛觉先这两个南北伶界大王对举，批评中国戏剧缺少艺术价值，推崇电影的进步和有意义，不过文章的落脚点在于对薛觉先投身电影表示赞扬，认为他是一个前进的、真正有志于戏艺的不可多得的人才，对梅兰芳也将致力于电影事业表示欣慰。从这一点来看，无论是梅兰芳还是薛觉先，好像都因为意识到电影的巨大影响，致力于将戏曲与电影连接起来而找到了一条比"抱残守缺"更有前途的出路。

1938 年，梅兰芳到香港利舞台演出，薛觉先携友热烈捧场。梅兰芳后来避暑香港，迟迟不返回上海，张聊公曾趁过港之便探访，并记述详情寄回上海，发表于《申报》。在那篇报道中，张聊公自述坐着小轿到干德道公寓的路上，只觉得空气高洁，风景清幽，山路曲折，道路两旁的松柏、棕榈、芭蕉，郁郁葱葱，与梅兰芳交谈后，发现他甘于孤寂，态度消极。这边他说完梅兰芳"深自韬晦"，那边又接着说薛觉先"益见精能"——他是当下粤伶中最红的，演戏收入高，每年至少港洋十六万元，合国币三十万元；他在高陞戏院演出《貂蝉》，前面扮貂蝉，后面扮关公，展现了高超的特技以及把皮簧戏的精粹融入粤剧的聪明才智。不过梅兰芳的辍演和薛觉先的当红并不妨碍他们的友情与交流。他们的住处相距不远，薛觉先的"觉庐"在福群道。薛觉先、白驹荣等人时常

梅兰芳与白驹荣、薛觉先等合影（1954 年 6 月）

出入梅兰芳住所与之讨论剧艺。香港一些知名人士曾有意请求梅兰芳与薛觉先、白驹荣合作，希望南腔北调各展所长，能够让人耳目一新。但是因为语言多有格格不入之处，恐怕合作起来难以讨好，虽然薛觉先、白驹荣没有反对，梅兰芳却不敢轻易答应，后来也就不了了之。不过为筹款救难，梅兰芳和薛觉先终于在一次义演中合作贡献了力量。1941年7月10日至11日，全港平剧名票义演在太平戏院举行。10日夜场演出由梅兰芳揭幕，薛觉先与曹痴公、汪化真合演《追韩信》，11日日场薛觉先与王元龙、鲍世英合演三本《铁公鸡》，夜场独自演出《古城会》。薛觉先早年曾向周信芳、林树森学过戏，《追韩信》是麒派名剧，三本《铁公鸡》是短打武生重头戏，《古城会》是林树森"关戏"经典，所以薛觉先演出各剧都是难得一见的好戏，尤其是《古城会》，在

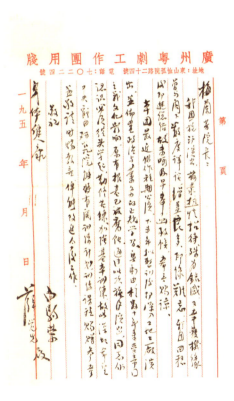

薛觉先、白驹荣致梅兰芳的信

国难当头的时刻，能够一展、一睹关圣雄姿，台上台下自然都得到鼓舞，梅兰芳在台下也击节叹赏。

日军占领香港后，梅兰芳、薛觉先因为同样困于危城，相互扶持、鼓励，患难中亦见真情。梅兰芳家聚居的人多，薛觉先常送些大米过去，可谓雪中送炭。铁蹄之下，梅兰芳还能以自己是旦角而辞演，但是薛觉先是盛年当红的生角，难以拒绝，而且他还是八和会馆理事长，需考虑香港分会诸多戏行兄弟的温饱问题，被迫组班在娱乐戏院开锣演戏。1942 年夏，梅兰芳、薛觉先等人又被迫参加所谓的文化名人广州观光团，其表面敷衍、内心坚定的意志，可以从梅兰芳、薛觉先与邓芬三人合作的《岁寒三友图》中可见一斑。然而为长久计，最终薛觉先趁去广州湾演出之机惊险地回到内地，而稍晚时候，梅兰芳也辗转广州飞回上海。此后他们一个带着剧团巡演于广东、广西、湖南、云南等地，一个蓄须明志，绝迹舞台，都用自己的方法与家国一起坚守；抗战胜利后，薛觉先因为身体欠佳，停演休养，曾随唐雪卿、新马师曾的凤凰粤剧团到上海，梅兰芳和林树森设宴招待，老友见面，无限感慨。

中华人民共和国成立后，梅兰芳和薛觉先分处南北两地。1954 年 4 月，薛觉先从香港返回广州，6 月底，随广州粤剧工作团到上海演出，梅兰芳专程赶赴上海迎接。在上海期间，薛觉先应观众强烈要求，在《卖怪鱼龟山起祸》中客串田玉川一角。从当年的合影中，可以看出梅兰芳、薛觉先那种老友之间的默契。应该就在这个时候，梅兰芳赠送薛觉先一把折扇（他自1950 年后因工作繁重，无暇顾及，亲笔书画仅赠挚友）。扇上一面绘牡丹，题署"觉先仁兄拂暑梅兰芳写"，一面抄录清代诗人阮元诗二首："平田泉水自成渠，村口秋林日影疏。著我肩舆安稳过，半看黄叶半看书"（《兖州道中》），"带得明湖水气清，窗前两日碧云横。粉衣零落青房小，研水帘风一段情"（《瓶中碧莲》），落款"甲午夏至书以觉先仁兄雅属梅兰芳"。1955 年 1 月，薛觉先携夫人到北京参加中国人民政治协商会议，梅兰芳特别在全聚德设宴为薛觉先夫妇接风。薛觉先因病未到，但两家人互相交换了礼物：送给梅兰芳夫妇的是潮州木雕摆件和仙女散花瓷罐，送给薛觉先夫妇的是绢花、片子等。这次进京开会，薛觉先因为过度兴奋和劳累，血压升高，在北京留医一个多月。其间梅兰芳想必有所探望。作为中国戏曲研究院院长，梅兰芳还叮嘱身边的工作人员林涵表，

《穆桂英挂帅》，梅兰芳饰穆桂英

在随原文化部派出赴广西、云南、贵州调查组汇报时，要加强与广东联系，尤其要拜访薛觉先并争取他进京演出。

对于梅兰芳和薛觉先来说，1956年原本是一个老友重逢、壮心不已的好年头。梅兰芳随中国访日京剧代表团出访，因为要在香港转机，所以途经广州，稍作停留。他在这里与薛觉先、马师曾、白驹荣等人见面，转达了周恩来总理对粤剧的称赞及对粤剧改革的期待，并告知大家由中国戏曲研究院负责组织的第三届戏曲演员讲习会将在广州举行，并相约要编演新戏，向国庆十周年献礼。始料未及的是，薛觉先当年10月底在演出后猝然离世。梅兰芳因率团在外地演出，未能参加葬礼送别老友，但他回京后专门查找1956年11月2日的《文汇报》

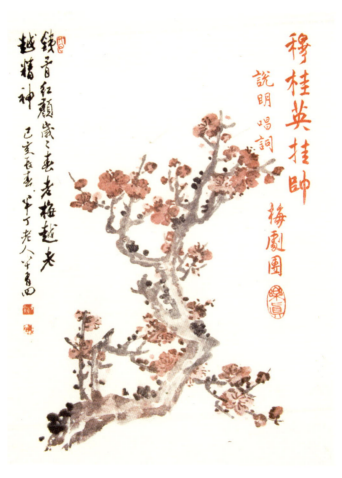

梅兰芳演《穆桂英挂帅》说明书

阅读并珍藏，因为报纸上有"悼念艺人薛觉先"的报道。1959年5月，距离薛觉先去世已两年多，梅兰芳的新戏《穆桂英挂帅》在北京首演，梅兰芳不忘故人旧约，专门致电邀请薛夫人张德颐来京看戏。梅兰芳与薛觉先的情谊，由此可见乃细水长流。

梅兰芳与薛觉先合影

九、倾城旧恋说渠侬

　　1928年梅兰芳到粤港演出，随行的是孟小冬。在此之前，1922年陪伴梅兰芳访港的是王明华；在此之后，1931年陪伴梅兰芳到粤港的是福芝芳。

　　1928年在对梅兰芳赴粤港演出的诸多报道中，很难找到关于孟小冬的只言片语，她留下的要么是美丽的背影，要么是恬静的立像，都默默无言。这一年是梅兰芳、孟小冬在一起的第二年，情意正浓。1925 年，孟小冬来到北京，出演于三庆园，获得成功。她在北京电灯公司总办冯恕为母亲庆贺八十大寿堂会上与梅兰芳第一次合作，一出《四郎探母》，两人配合默契，珠联璧合。此后，他们又合作了《游龙戏凤》，一个男青衣，一个女老生，乾坤颠倒，相得益彰，调笑间，占尽风流，各显其能。其实二人合作前在一些堂会、义演上都曾列入同一张戏单，梅兰芳演《洛神》，孟小冬演《空城计》；梅兰芳演《探母回令》，孟小冬演《空城计》；梅兰芳演《奇双会》，孟小冬演《骂曹》；梅兰芳演《霸王别姬》，孟小冬演《上天台》。那时，梅兰芳已卓有声名，孟小冬则冉冉升起。

两人在《四郎探母》《游龙戏凤》中演的都是夫妻。1927 年初，三十四岁的梅兰芳与十九岁的孟小冬结合，

懷柳堂戲綠目鮮

乙丑五月初八日

富貴長春　全班合演　朱桂芳　朱湘泉　沈三玉　李三星

海屋添籌　蕭長華　劉鳳林　羅文奎

絨花計　小翠花　朱貴雲　侯喜瑞　蕉瑞泉

霓虹記　馬福祿　尚小雲　王鳳卿

武家坡　陳德霖

宇宙鋒　陳德霖　劉鳳林

花田錯　白牡丹　陳桐雲　劉鳳林

贈文娟　程豔秋　慈瑞泉　曹二庚

空城計　張春彥　吳富琴　大飛臣

連環套　孟小冬　王長林　郝壽臣　裘桂仙

定軍山　楊小樓　王長林　侯喜瑞

洛神　梅蘭芳　余叔岩　王長林　錢金福　鮑吉祥　富連成學生　簑妙香　姚玉芙　朱桂芳

怀柳堂堂会演出戏单

之后孟小冬辍演，不再登台。在梅孟二人两情相悦的时候，却突发一场血案：孟小冬的一个戏迷，因爱生恨，到冯耿光家准备绑架梅兰芳勒赎情事而不得，又见军警围捕，激愤慌乱之下枪杀人质——《大陆晚报》经理张汉举。此事被大肆渲染，一时间流言百出，对梅孟二人的身心、声誉都造成影响。虽然其后他们相伴去了广州、香港，但生活并不能如1928年报上那张孟小冬眺海小影所示，岁月静好。1930年梅兰芳访美，未带家眷，归来后他的伯母去世，因此引发一场奔丧风波，孟小冬到梅家奔丧受阻，又得不到梅兰芳支持，痛心疾首，伤心欲绝，离开北平到天津隐居休养。在天津期间，她应邀参加过辽宁水灾急赈募款义演，虽然主办方极力劝说孟小冬和梅兰芳合作演出《探母回令》，但被孟小冬拒绝，她选择与华慧麟合作。虽然最后她被说服，跟梅兰芳、母亲一起返回北平，但她和梅兰芳之间的很多问题当时并未妥善解决。1931年4月，梅兰芳在粤港演出期间，天津《益世报》曾有长篇报道，从三代家世、学戏经过、出演日本、游历美洲、艺术技能、居房建筑、日常生活等方面对梅兰芳进行介绍，其中提到孟小冬，只说他们一度同居，但名分未定，近来好像脱离而未脱离。6月9日至11日，上海杜祠落成堂会备受瞩目，南北名伶荟萃一堂，梅兰芳参加演出了《龙凤呈祥》《大登殿》《二进宫》，孟小冬并未现身。7月梅兰芳回北平，按照不少人的说法，梅孟在不久后仳离。1932年，梅兰芳移居上海。梅孟虽然分手，但是各种不利传言甚嚣尘上，为此，1933年9月5日至7日，孟小冬在天津《大公报》连续三天刊登《紧要启事》，称"……窃冬甫届八龄，先严即抱重病，迫于环境，始学皮黄。粗窥皮毛，便出台演唱，藉维生计，历走津、沪、汉、粤、菲律宾各埠。忽忽十年，正事休养。旋经人介绍，与梅兰芳结婚。冬当时年岁幼稚，世故不熟，一切皆听介绍人主持。名定兼祧，尽人皆知。乃兰芳含糊其事，于桃母去世之日，不能实践前言，致

右者、中無出其南北坤角子氣、近時無女老到、身段亦極之神、臺步頗得譚氏寬潤勁練、鬚生、緊音孫女也習（福保）之老孟七（一若蘭、京人。孟小冬、字

孟小冬小照
载于《新报》1921 年第 7 卷第 2 期

梅兰芳与孟小冬合影（1924 年）

名分顿失保障。虽经友人劝导,本人辩论,兰芳概置不理,足见毫无情义可言。冬自叹身世苦恼,复遭打击,遂毅然与兰芳脱离家庭关系。是我负人、抑人负我,世间自有公论,不待冬之赘言……"对自己与梅兰芳的过往进行澄清,并重返舞台,她在吉祥戏院里演出的《四郎探母》显示出艺术上的精进。1938 年,梅兰芳在香港演出结束后留居该地。孟小冬这一年得偿所愿,拜余叔岩为师,之后专心学戏,极少登台。

梅孟分手后,虽然不复相见,但是千丝万缕,仿佛隐隐相系。1940 年,章遏云、孟小冬一起从上海到香港,但她们宣称此行仅为游玩性质,并不打算登台唱戏。章遏云到达香港后就去拜访留居此地的梅兰芳,而孟小冬并未同行。最具双星增辉意义的一幕发生在1947 年 9 月,

为救济水灾和杜月笙六十岁生日举办的南北名伶义演，
因为梅孟二人的前尘往事而硬生生变成十天演期，梅
兰芳以《龙凤呈祥》《四郎探母》等剧出演了八天大轴，
孟小冬则以一出《搜孤救孤》出演了两天大轴，两人不
曾谋面。从反响看，因为孟小冬阔别舞台已久，所以引
发了民众的观剧热潮，演出时不仅戏院内座无虚席，马
连良和沈苇窗挤在一张凳子上看完一出戏，戏院外亦可
谓万人空巷，很多人守在收音机旁聆听。梅兰芳在家听
了两天播音。最后一天大合影，孟小冬以疲劳为由没有
出席。虽然参加的是同一次义演活动，但是避免一切见
面，甚至合影同框，真不知道是组织者的善意还是当事
人的决绝所致。此后孟小冬告别舞台。

1949 年，孟小冬随杜月笙赴港，当时在香港永华影

孟小冬反串《天女散花》

业公司担任编剧、后来加入上海电影制片厂的沈寂曾经登门拜会孟小冬。二人交谈时，沈寂表示自己喜欢看京戏，孟小冬就询问了一些伶人的近况，不过并没有问梅兰芳。沈寂因为在四大名旦里最喜欢梅兰芳，所以主动提到梅兰芳，说他登台表演风采不减当年，孟小冬听了只是笑笑，并不接话。后来，沈寂在孟小冬房间里看到一张《武家坡》的演出照片，照片上只有孟小冬一人，实际上那是一张孟小冬和梅兰芳的合照，她把梅兰芳那半边折到背后了。沈寂认为孟小冬并没有将梅兰芳那半边撕掉或剪断，其中自有深意。1950 年，孟小冬与杜月笙结婚。孟小冬过生日的时候，很多人到家中庆贺。有人提议孟小冬来一段，她唱了《武家坡》"一马离了西凉界"就不唱了。之后沈寂听友人舒适说，抗战胜利以后，电台请孟小冬唱，她也只唱这一句。沈寂推测，孟

孟小冬緊要啟事

啟者：冬自幼習藝，謹守家規，雖未讀書，略聞禮教。荷蒙社會惠愛，略具聲譽，傳聞未週，謗言橫生，始則謠琢誹謗，繼則橫加毀損，手段毒辣，無所不至。所不堪忍受者，茲為社會明瞭真相起見，不得不將冬與梅蘭芳結婚之始末，略述梗概。

諒當時海內賢達，類能言之。蓋婚姻之事，關係男女兩方畢生幸福，如當時蘭芳毓毅本含糊其辭，一再延宕，不肯吐露真情，致冬負汙名，百喙莫辯……

伶人孟小冬自幼習藝，謹守家規，略聞禮教。荷蒙社會惠愛，頗具聲譽，迩來毀謗之聲，傳播遍地，耸動聽聞……

冬與梅蘭芳結婚之事，世人恐有不盡明瞭者，茲為社會明瞭真相起見，不得不將冬之苦痛，照料一切，以維蘭芳之聲譽……

冬痛恨之餘，誓不與梅蘭芳再見。嗣後是否再與蘭芳結婚，當有事實證明，不必多辯……

現因冬生性剛直，不願受人欺侮，為免社會人士懷疑起見，特此登報聲明，籍免淆亂視聽。此啟。

孟小冬謹啟

《孟小冬緊要啟事》，載於《大公報》（天津版）1933年9月7日第1版小冬和梅兰芳的关系也正是如此，开了一个头，底下没有了。作为一个编剧，他禁不住感叹这么好的题材却谁都没能写出来。

梅兰芳和孟小冬天各一方。梅兰芳的朋友中，马连良、俞振飞、薛觉先都是20世纪50年代从香港回内地的，也许他们与梅兰芳见面时还能带来一些香港那边人与事的信息。许姬传则与孟小冬保持联系，收到过她托人带来的饼干等食品。孟小冬对昆剧电影《十五贯》中演员的表演高度赞扬。而对于孟小冬未能亲见的《十五贯》的舞台演出，梅兰芳曾先后写过《昆苏剧团〈十五贯〉的观后》《谈昆剧〈十五贯〉的表演艺术》，二人不约而同地被该剧的表演艺术吸引，可谓艺术鉴赏力相通。1956年5月，中国访日京剧代表团受邀访问日本，在香

孟小冬反串《汾河湾》

港转机，孟小冬托人转告担任团长的梅兰芳，希望能见面叙谈。梅兰芳将此事告知马少波，他是中国京剧院党委书记、副院长，也是代表团的副团长兼秘书长。马少波出于纪律和安全的考虑，陪同梅兰芳一起乘车前往。三人在客厅握手少叙，孟小冬即邀梅兰芳进入内室单独交谈，大约半小时。这是梅孟二人分手后第一次共坐面谈，也是最后一次。他们到底谈了些什么，旁人并不知晓，只是当时梅兰芳已年过六十，孟小冬则年近五十，彼此应该都明白，此生恐难再见。这也可能是孟小冬在彼此久不相见后突然提出会面的原因。1959 年，从北京戏校毕业的孟小冬的侄子孟俊泉被梅兰芳点名分配到梅剧团工作，孟俊泉因为与梅葆玖交好，在梅家吃过一顿饭，梅兰芳对他格外亲厚，其中恐既有团长的关怀，也与故人之情相关。

1961 年，梅兰芳在北京去世。两年后，北京京剧团组织赴港演出团到香港、澳门演出，梅兰芳的老搭档姜妙香担任顾问。孟小冬观看了演出团表演的《赵氏孤儿》《空城计》，演出团则受周恩来总理嘱托，在香港《大公报》社长费彝民安排下，宴请孟小冬，邀约她回内地观光、演戏、教学、拍摄舞台艺术片。姜妙香、马连良、张君秋、裘盛戎、李慕良等一起参加了宴会，众人还与孟小冬合影留念。宴间相见、傍立合照以及演出团在香港停留的数月，绕不过梅兰芳的姜妙香、孟小冬，不知是否有机会聊到1956 年别后种种，乃至生死茫茫。1967 年，孟小冬从香港迁居台北，1977 年去世。天地之间，再无梅孟，曲终人散，欲说还休，也许正应了那一句：此情可待成追忆，只是当时已惘然。

梅兰芳在寓所

十、情留海角忆重重

　　梅兰芳第一次踏上香港土地后不久，即在信中对友人如此描述，"此间本一山岛，地址不及沪十分之一，惟庄口极多，人烟极盛，马龙车水，不减沪上繁华"。小而繁华的香港，若干年下来，梅兰芳所到之处，也可拼接出一张时光图画。

　　梅兰芳乘船到香港，通常由九龙仓码头登岸。九龙

天星小轮（刘刚摄）

仓码头位于九龙尖沙咀，初期是货仓码头，后来也用作客运。乘坐大型客轮抵达码头后，又需乘坐小轮渡海，或停留于皇后码头。小轮在香港是十分常见的水上交通工具，梅兰芳第一次到香港，欢迎的人群很多就是开小轮而来，并因此堵塞了水道，影响了港九间的轮渡运行。现在人们最熟知的天星小轮，当年梅兰芳也常常乘坐，著名文化人士沈鉴治和父亲好几次在天星小轮上看到梅兰芳全家。第一次"小沈"一眼就看到"梅大王"，轻轻告诉父亲，梅兰芳也看到两人在看他，微笑以对。等到再一次偶遇，大概梅兰芳觉得这对父子有些面熟，所以主动点头致意，"小沈"赶紧鞠躬，心中无比高兴。天星小轮至今还在运营，坐梅兰芳坐过的天星小轮，看梅兰芳看过的维多利亚港，柚木甲板、水手的深色水手服、怀旧的座椅，想必会带给人无尽怀想。

梅兰芳到香港，1922年暂住邓昆山私宅，1928年住四海酒店，1931年住思豪酒店，1938年演出期间住浅水湾酒店，后来移居干德道寓所。香港酒店众多，按照1931年访粤的欧阳予倩的说法，很多到香港的人会选择入住英皇酒店。英皇酒店原来是英国人开的，因为亏本转给中国人经营后，有许多要人入住。程砚秋1926年曾选择英皇酒店，后因为母亲和夫人不习惯酒店的起居设备，所以改住颐和酒家新楼。梅兰芳没有入住过英皇

浅水湾酒店旧址（刘刚摄）

梅葆玥、梅葆玖在浅水湾酒店前

酒店，其实住在这个酒店可以享受行李免检的便利，香港因为关税自由，所以行李检查主要是检查烟土和军火。在梅兰芳住过的酒店中，浅水湾酒店值得一提。冯耿光曾在给梅兰芳的信中大赞此酒店："这个饭店环境真是太好了，我每日早上八点钟就起来，在廊上早茶，看看海边的风景。""我住的饭店真是好极了，面海靠山，风景较青岛为佳。饭店建筑亦真不错，加以天气和暖，百花齐开，一片红红绿绿，恍如初春光景。这是上海所梦想不到的地方。离市比较远（汽车离行十五分钟），汽车声终日听不见，静坐只闻鸟声，风大时间有波涛声，非常好听。"现今酒店所在地改建成影湾园，前庭为原酒店部分，露台餐厅也被保留下来。浅水湾酒店与梅兰芳的渊源已经没有多少人提及，更多人知道此地，主要因为张爱玲的小说《倾城之恋》中白流苏和范柳原第一次邂逅是在这里，大家为寻找张爱玲和《倾城之恋》而来。

　　梅兰芳到香港，总是酬酢不断，他被本地绅商、名流宴请或招待朋友、报界记者，到过不少酒店。例如金陵酒店，他1922年到达香港的当天，本地绅商何棣生就曾在这里设宴款待。直到20世纪50年代，这个酒店还是本地人举办婚礼的重要场所。其他还有南唐酒店、广州酒家、颐和酒楼、大华饭店、里泊尔斯湾旅馆餐厅、连卡佛餐室以及新亚酒店、胜斯酒店、香港大酒店、告罗士打酒店等，这些昔日觥筹交错之所、报章可见之名，今日很多都湮没无闻、无迹可寻。告罗士打酒店是梅兰芳出入较多的高级酒店，和久田幸助曾在这里看到这个戴雪白手套的中年男子，何东爵士的女儿何艾龄与郑湘先曾在这里接待参加他们婚礼的宾客，知名魔术家余贺增曾在这里的天台举办茶会招待各界朋友。告罗士打酒店和香港大酒店的下午茶很有名，翻译家冯亦代说告罗

梅兰芳在香港与友人合影

士打行的茶座"是珠光宝气的妖艳妇人和油头粉面的惨绿少年麋集之所",新加坡知名作家、报人连士升则对环境、文化、体验描述得更细致:"香港大酒店及告罗士打酒店的茶具相当阔绰,多数用白铜电镀的东西,光耀夺目,整齐雅洁……近来这些酒店逐渐采用瓷质的茶具,这些茶具的颜色和式样,日新月异,漫说喝茶,看一看也很开心。""香港大酒店及告罗士打酒店的楼下,人山人海,喜欢热闹的人多数到那边去喝茶,顺便还可以遇着许多新交旧识。假如你喜欢清静,最好跑到香港大酒店的二楼或告罗士打的八楼。里边迷人的小灯光,软滑的地毯,舒适的沙发椅,使你发生好感。这儿你可以一个人独自坐着看书、写信,甚至沉思默想。""在我没有到香港前,没有喝下午茶的习惯;当我离开香港后,也没有喝下午茶的习惯。说来也奇怪,战后我曾两度经

游泳的孩子们

过香港，每次的时间不过一个月或两三个星期，但是一到香港后，即刻恢复喝下午茶的习惯，而且活动的范围扩大，除香港大酒店及告罗士打酒店外，连九龙的半岛酒店及浅水湾酒店也是我常到的地方。费了最少的钱，得到最大的享受，香港的下午茶真是功德无量。"告罗士打酒店所在的告罗士打行于20世纪70年代重建，现在属于置地广场建筑群。

　　20世纪30年代末40年代初在香港的梅兰芳，又有了一个新的身份——留港名流。作为名流，虽然不再演戏，但常常受邀作为顾问，对拍电影、演话剧进行指导。本地的重要文化活动、慈善筹款他也参加了不少。1939年9月，即将在莫斯科举行"中国艺术展览会"，展品由重庆的中苏文化协会负责征集，香港设"中国艺术品运苏展览香港征集处"，征集绘画、雕刻、音乐、戏剧、电影、摄影、出版物、工艺、民俗、娱乐器具等展品。梅兰芳与吴铁城、叶恭绰、简又文、吴经熊、陆丹林、张光宇、叶浅予、黄苗子、叶兰泉、高剑文、赵少昂、鲍少游、黄般若、温源宁、张正宇、韩穗轩等人一起商讨相关事

梅兰芳及夫人福芝芳携子女在香港合影（1938年）：
梅葆琛（中左一）、梅绍武（中左二）、
梅葆玥（前左二）、梅葆玖（前左一）

宜，并送出家藏脸谱全套作为展品。此外，他在香港体会过人生欢愉，也见证了离世庄严。抗战期间，香港聚集了很多文化名人，其中有不少人客死于此，如蔡元培、张季鸾、许地山、萧红等。1941 年 8 月 5 日，梅兰芳参加了在香港大学陆佑堂举行的小说家、学者许地山的告别式；9 月 26 日，又参加了在加路达山孔圣堂举行的新闻家、政论家张季鸾的公祭大会，此外，他还在花园道圣约翰礼拜堂送别过法学家徐谦，在香港殡仪馆送别过江东才子、知名诗人杨云史。一般人通过《落花生》知道的许地山，这位文学研究会发起人、新文化运动先驱、香港大学中文学院主任教授、中英文化协进会会长、中国文化协进会常务委员，通晓多种语言文字，在人生的最后阶段，为香港贡献了超卓的智慧和热忱。他长眠于香港大学附近的薄扶林华人基督教坟场，墓地面朝西博寮海峡，现在还有很多人自发前往拜谒。文化名人为香港文化史增添了浓墨重彩的一笔，梅兰芳在其中占有一席之地。

走下舞台，梅兰芳也是一个普通人。以前几度抵港，总未久留，1938 年到香港演出后留居四载，生活于斯，自是更深度接触此地。综合有关他访港的报道看，他还到过本地名流私邸、电影院、片场、百货公司、网球俱乐部等地。他是名伶，又爱摄影，在香港留下了不少照片。从照片看，他也到过跑马场、海岸沙滩。浅水湾酒店所在的浅水湾是游泳胜地，著名的香江八景之一——"海国浮沉"指的就是这里。梅兰芳在北方的时候，会带家人到北戴河海滨避暑、戏水，到香港后，曾为梅葆琛、梅绍武聘请游泳教练，在浅水湾进行游泳训练。在梅兰

梅兰芳在香港

芳的家庭照片中，有不少是穿泳装的孩子和友人。梅兰芳虽然在周日带孩子们去浅水湾游泳，自己却不常游，出于从艺需要，他不能晒得太黑，以免日后重返舞台时影响化装。

对梅兰芳来说，香港这个答谢词需要翻译成粤语的地方，这个海景盈眶，满眼棕榈，中西建筑交错，华洋人士杂处，山风海风过耳，道路有平坦处，又多起伏的地方，如此不同于他自小生活的北方古都，也不同于他20世纪30年代后移居的海上都市。不过于他而言都是从陌生到熟悉再到适应，其实从北平出发，到上海，到香港，乃至出访日本、美国、苏联，无不如此。看他存世的照片，幼年时往往穿戴厚实，可见北地之寒，成年后，或长袍马褂，或西装革履，可见宜中宜西；在香港，

穿衬衫长裤，更加潇洒自在。无论如何，山海之间，轻
衣简行，一步一步，他走向了祖辈那一代人以及同时代
很多人不曾到过的天地。

图书在版编目（CIP）数据

别梦依稀：梅兰芳在香港 / 张静编著 . — 北京：知识产权出版社，2022.1
（梅兰芳艺术人生文丛 / 刘祯主编）

ISBN 978-7-5130-8014-9

Ⅰ . ①别… Ⅱ . ①张… Ⅲ . ①梅兰芳（1894-1961）—生平事迹 Ⅳ . ① K825.78

中国版本图书馆 CIP 数据核字（2021）第 263547 号

策 划：刘 祯 王润贵	责任编辑：刘 䶮
装帧设计：智兴设计室·段维东	责任校对：王 岩
内文制作：智兴设计室·张国仓	责任印制：刘译文

别梦依稀

梅兰芳在香港

张 静 编著

出版发行：知识产权出版社有限责任公司	网 址：http://www.ipph.cn
社 址：北京市海淀区气象路50号院	邮 编：100081
责编电话：010-82000860转8119	责编邮箱：liuhe@cnipr.com
发行电话：010-82000860转8101/8102	发行传真：010-82000893/82005070/82000270
印 刷：天津市银博印刷集团有限公司	经 销：各大网上书店、新华书店及相关专业书店
开 本：787mm×1092mm 1/32	印 张：6.25
版 次：2022年1月第1版	印 次：2022年1月第1次印刷
字 数：71千字	定 价：39.00元

ISBN 978-7-5130-8014-9